A PEACEBUILDING COMMISSION DAS NAÇÕES UNIDAS

UM BALANÇO DOS PRIMEIROS QUINZE ANOS (2005 – 2020)

Editora Appris Ltda.
1.ª Edição - Copyright© 2024 da autora
Direitos de Edição Reservados à Editora Appris Ltda.

Nenhuma parte desta obra poderá ser utilizada indevidamente, sem estar de acordo com a Lei nº 9.610/98. Se incorreções forem encontradas, serão de exclusiva responsabilidade de seus organizadores. Foi realizado o Depósito Legal na Fundação Biblioteca Nacional, de acordo com as Leis nᵒˢ 10.994, de 14/12/2004, e 12.192, de 14/01/2010.

Catalogação na Fonte
Elaborado por: Josefina A. S. Guedes
Bibliotecária CRB 9/870

S232p
2024
	Santana, Leticia Astolfi
	    A Peacebuilding Commission das Nações Unidas: um balanço dos primeiros quinze anos (2005 – 2020) / Leticia Astolfi Santana. – 1. ed. – Curitiba: Appris, 2024.
	    133 p. ; 23 cm. – (Ciências sociais).
	
	    Inclui referências.
	    ISBN 978-65-250-5756-9
	
	    1. Construção da paz. 2. Nações Unidas. I. Título. II. Série.
	
	<div align="right">CDD – 341.23</div>

Livro de acordo com a normalização técnica da ABNT

Appris *editora*

Editora e Livraria Appris Ltda.
Av. Manoel Ribas, 2265 – Mercês
Curitiba/PR – CEP: 80810-002
Tel. (41) 3156 - 4731
www.editoraappris.com.br

Printed in Brazil
Impresso no Brasil

Leticia Astolfi Santana

A PEACEBUILDING COMMISSION DAS NAÇÕES UNIDAS
UM BALANÇO DOS PRIMEIROS QUINZE ANOS (2005 – 2020)

FICHA TÉCNICA

EDITORIAL
Augusto Coelho
Sara C. de Andrade Coelho

COMITÊ EDITORIAL
Andréa Barbosa Gouveia - UFPR
Edmeire C. Pereira - UFPR
Iraneide da Silva - UFC
Jacques de Lima Ferreira - UP
Marli Caetano

SUPERVISOR DA PRODUÇÃO
Renata Cristina Lopes Miccelli

ASSESSORIA EDITORIAL
Sabrina Costa

REVISÃO
Stephanie Ferreira Lima

PRODUÇÃO EDITORIAL
Sabrina Costa

DIAGRAMAÇÃO
Andrezza Libel

CAPA
Jhonny Alves

REVISÃO DE PROVA
William Rodrigues

COMITÊ CIENTÍFICO DA COLEÇÃO CIÊNCIAS SOCIAIS

DIREÇÃO CIENTÍFICA
Fabiano Santos (UERJ-IESP)

CONSULTORES

Alícia Ferreira Gonçalves (UFPB)
Artur Perrusi (UFPB)
Carlos Xavier de Azevedo Netto (UFPB)
Charles Pessanha (UFRJ)
Flávio Munhoz Sofiati (UFG)
Elisandro Pires Frigo (UFPR-Palotina)
Gabriel Augusto Miranda Setti (UnB)
Helcimara de Souza Telles (UFMG)
Iraneide Soares da Silva (UFC-UFPI)
João Feres Junior (Uerj)

Jordão Horta Nunes (UFG)
José Henrique Artigas de Godoy (UFPB)
Josilene Pinheiro Mariz (UFCG)
Leticia Andrade (UEMS)
Luiz Gonzaga Teixeira (USP)
Marcelo Almeida Peloggio (UFC)
Maurício Novaes Souza (IF Sudeste-MG)
Michelle Sato Frigo (UFPR-Palotina)
Revalino Freitas (UFG)
Simone Wolff (UEL)

Dedico este livro a meus pais, amigos e professores, pelo apoio e carinho.

AGRADECIMENTOS

A realização deste livro somente foi possível devido ao apoio de meus pais durante esse extenso processo e sua companhia nas madrugadas que eu passei escrevendo, enquanto eles adormeciam na sala para me fazer companhia, mesmo eu dizendo repetidamente que não era necessário. Além disso, o Luiz também foi fundamental desde a minha aplicação para o mestrado até sua finalização, ajudando-me sempre a me manter firme nos momentos em que duvidei que era capaz de finalizá-lo e renunciando a seus fins de semanas apenas para me fazer companhia. Por fim, Matilda, que, durante os meus longos períodos de leitura e em frente ao computador, vinha me checar para ver se estava tudo bem e trazer um pouco de felicidade e conforto, do seu jeito. Agradeço nominalmente ao meu orientador, Prof. Rafael Villa, que me guiou na elaboração do mestrado, por sua paciência durante esse extenso processo de pesquisa.

LISTA DE SIGLAS

AGNU	Assembleia Geral das Nações Unidas
ASG	Associated Secretary-General
BINUB	United Nations Integrated Office in Burundi
BINUCA	Bureau Intégré De L'organisation Des Nations Unies En Centrafrique
BONUCA	United Nations Support Office in the Central African Republic
CNSU	Conselho de Segurança das Nações Unidas
CSC	Country Specific Configurations
DDR	Desarmamento, Desmobilização e Reintegração
DFS	Department of Field Support
DPA	Department of Political Affairs
DPO	Department of Peace Operations
DPKO	Department of Peacekeeping Operations
DPPA	Department of Political and Peacebuilding Affairs
ECOSOC	United Nations Economic and Social Council
ECOWAS	Economic Community of West African States
EOSG	Executive Office of the Secretary General
FMI	Fundo Monetário Internacional
G-77	Grupo dos 77
IFIs	Instituições Financeiras Internacionais
IPBS	Integrated Peacebuilding Strategies
IRF	Immediate Response Facility
MINUSCA	Missão Multidimensional Integrada das Nações Unidas para a Estabilização da República Centro-Africana
MNA	Movimento dos Não-Alinhados
MPTF	Multi-Partner Trust Fund

OC	Organizational Committee
OCDE	Organização para a Cooperação e Desenvolvimento Econômico
OCHA	United Nations Office for Coordination of Humanitarian Affairs
ONU	Organização das Nações Unidas
ONUB	Operação das Nações Unidas para o Burundi
OTAN	Organização do Tratado do Atlântico Norte
P-5	Cinco membros permanentes do CSNU
PBA	Peacebuilding Architecture
PBC	Peacebuilding Commission
PBF	Peacebuilding Fund
PBSO	Peacebuilding Support Office
PNUD	Programa das Nações Unidas para o Desenvolvimento
PRF	Peacebuilding and Recovery Facility
RCA	República Centro-Africana
SGNU	Secretário Geral das Nações Unidas
UA	União Africana
UNAMSIL	United Nations Mission in Sierra Leone
UNAVEM	United Nations Angola Verification Mission
UNIOSIL	United Nations Integrated Office in Sierra Leone
UNIPSIL	United Nations Integrated Peacebuilding Office in Sierra Leone
UNMIL	United Nations Mission in Liberia
UNODC	United Nations Office on Drugs and Crime
UNOL	United Nations Office for Liberia
UNOWAS	United Nations Office for West Africa and the Sahel
WGLL	Working Group on Lessons Learned
UNIOGBIS	United Nations Integrated Peacebuilding Office in Guinea-Bissau

SUMÁRIO

INTRODUÇÃO 13

1
A EVOLUÇÃO E INSTITUCIONALIZAÇÃO DO CONCEITO
DE PEACEBUILDING NAS NAÇÕES UNIDAS............................. 17
1.1 TRANSFORMAÇÕES NA ONU NOS ANOS PÓS-GUERRA FRIA............18
1.2 A AGENDA PARA A PAZ: OS PRIMEIROS PASSOS PARA A MUDANÇA 22
1.3 SUPLEMENTO DA AGENDA PARA A PAZ E OS OBSTÁCULOS
DA NOVA CONJUNTURA..24
1.4 O RELATÓRIO BRAHIMI 29
1.5 EXPECTATIVAS DE REFORMAS E AS PREPARAÇÕES
PARA O WORLD SUMMIT DE 2005 33
1.6 WORLD SUMMIT DE 2005 E A CRIAÇÃO
DA PEACEBUILDING ARCHITECTURE..38

2
OS PRIMEIROS QUINZE ANOS DE FUNCIONAMENTO
DA PEACEBUILDING COMMISSION 45
2.1 O ESTABELECIMENTO DA PEACEBUILDING
COMMISSION (2005-2010)..45
2.1.2 Expectativas frustradas sobre a PBC: a revisão periódica de 2010 53
2.2 OS PROBLEMAS ENCONTRADOS PARA CONSOLIDAÇÃO
DA PEACEBUILDING COMMISSION (2011-2015)............................60
2.2.1 O pessimismo enfatizado na Revisão Periódica de 2015 65
2.3 ESTABILIZAÇÃO E MUDANÇAS NOS MÉTODOS DE TRABALHO
DA PEACEBUILDING COMMISSION (2016-2020)............................70
2.3.1 A Revisão Periódica de 2020: uma nova tentativa? 74

3
PEACEBUILDING COMMISSION:
DA ESPERANÇA AO FRACASSO?.. 77
3.1 PRINCIPAIS DESAFIOS DA PEACEBUILDING COMMISSION
DENTRO DA PEACEBUILDING ARCHITECTURE 79
3.1.1 O funcionamento das estruturas da Peacebuilding Commission 79

3.1.2 Os problemas gerados pela sobreposição das estruturas financeiras
e burocráticas na Peacebuilding Architecture 89
    3.1.2.1 PBF e a PBC...89
    3.1.2.2 PBSO e a PBC 94
3.2 DISPUTAS POLÍTICAS E PATOLOGIAS INSTITUCIONAIS:
EMPECILHOS PARA A PBC 98
    3.2.1 Disputas políticas e institucionais no processo de criação
    da PBC (2004-2006) 99
    3.2.2 Disputas políticas e institucionais no desenvolvimento
    das atividades da PBC (2006-2020) 105
3.3 A PBC CUMPRIU COM AS FUNÇÕES ESPERADAS EM SUA CRIAÇÃO
DURANTE 15 PRIMEIROS ANOS DE ATUAÇÃO? 108
    3.3.1 Mobilização de Recursos para Peacebuilding Pós-conflito 109
    3.3.2 Aconselhamento e implementação de estratégias
    de peacebuilding pós-conflito 111
    3.3.3 Manutenção da atenção política para os países de sua agenda 112
    3.3.4 Coordenar atores envolvidos em peacebuilding 113

CONCLUSÃO 115

REFERÊNCIAS 119

INTRODUÇÃO

Durante a sessão especial da Assembleia Geral em comemoração dos 60 anos das Nações Unidas, o *World Summit 2005*, foi criado um órgão intergovernamental responsável por coordenar as atividades de peacebuilding: a Peacebuilding Commission. O seu estabelecimento ocorreu como consequência de um processo de reformas nas estruturas de paz e segurança da organização que se iniciou nos anos 1990 com a Agenda para a Paz, na qual buscava a readequação dessas estruturas das Nações Unidas para que fossem condizentes com a nova conjuntura internacional após o fim da Guerra Fria. Durante os anos 1990 até os anos 2000, peacebuilding conquistou uma relevância crescente dentro das Nações Unidas, até que no Relatório Brahimi, nos anos 2000, foi reconhecida a necessidade da criação de uma estrutura dentro do sistema ONU para lidar apenas com essa agenda. Naquele período, as atividades identificadas como peacebuilding eram desenvolvidas por diversos órgãos e programas dentro das Nações Unidas, sem que houvesse um ponto focal de coordenação.

Em 2004, durante o *High-level panel* organizado pelo então Secretário Geral Kofi Annan, foi apresentada a primeira proposta oficial da Peacebuilding Commission, que estava atrelada a um projeto mais amplo de reforma da ONU, liderado pelo SGNU. O objetivo da criação da Comissão era preencher uma lacuna institucional existente na área de peacebuilding, uma vez que não havia nenhum órgão especializado nas Nações Unidas. O projeto da PBC ganhou maior tração institucional a partir do momento que a principal reforma impulsionada pelo SGNU, a reforma do Conselho de Segurança, não obteve sucesso. Dessa forma, os países do sul global (G-77 e MNA) perceberam a agenda de criação da PBC como uma possibilidade para que tivessem algum domínio sobre a agenda de paz e segurança da organização, visto que ela é historicamente dominada pelos países do norte global (países da OCDE e P-5), e a tentativa de alcançar esse objetivo por meio da reforma do CSNU tinha sido frustrada.

Após diversas ondas de negociações, a Peacebuilding Commission foi estabelecida em dezembro de 2005, por meio da resolução A/RES/60/180-S/RES/1645, juntamente com a Peacebuilding Architecture, que inclui a PBC, PBSO e o PBF. É a partir desse contexto da agenda de peacebuilding das Nações Unidas e do estabelecimento da PBC que esta pesquisa propõe uma análise dos trabalhos desempenhados pela Comissão nos primeiros quinze anos de seu estabelecimento (2005-2020). Apesar das contenções entre países do norte e do sul global que ocorreram durante o período de negociações, grandes expectativas foram depositadas no estabelecimento do novo órgão intergovernamental dedicado exclusivamente a peacebuilding. Entretanto, é possível constatar, a partir da análise das revisões periódicas as quais a PBC é submetida a cada cinco anos, que os resultados entregues pela Comissão ficaram aquém do esperado. À vista disso, esta obra propõe o questionamento sobre se a PBC conseguiu cumprir com as funções que lhe foram atribuídas em 2005.

De maneira a abordar o problema proposto, a hipótese principal trabalhada é que a PBC sofreu constrangimentos políticos e institucionais ou patologias que a impediram de desempenhar suas funções de maneira eficaz. Para esse fim, serão utilizados como marcos teóricos os trabalhos de Barnett e Finnemore (1999) e de Robert Cox (1981, 1993) de maneira complementar. Barnett e Finnemore desenvolvem em seu trabalho a teoria de que organizações internacionais desenvolvem patologias que as impedem de serem eficazes (BARNETT; FINNEMORE, 1999). Assim, nesta pesquisa, a contribuição dos dois autores permite a compreensão dos constrangimentos institucionais ou burocráticos que impediram a PBC — e a PBA como um todo — exercer suas funções de maneira integral.

Entretanto, a teoria de Barnett e Finnemore é limitada a análise buro-crática e não fornece instrumentos para os elementos políticos envolvendo a relação entre os Estados-membros das Nações Unidas que limitam a atuação da Comissão. Desse modo, complementarmente, são utilizadas as discussões sobre hegemonia e organizações internacionais desenvolvidas por Robert Cox. A contribuição dessa abordagem teórica é que as organizações internacionais são estruturas criadas para a perpetuação de normas e ideias hegemônicas (COX, 1981, 1993). Assim, a utilização dos trabalhos de Cox fornece uma base teórica para a análise das disputas históricas entres norte e sul global que ocorrem desde a criação das Nações Unidas.

Se, por um lado, os países do norte global representam a perpetuação de suas ideias e normas a por meio das Nações Unidas, desde sua criação, por outro lado, os países do sul global iniciaram diversas vezes, desde a criação da ONU, tentativas de reforma da organização para que tivessem maior representatividade nas principais agendas da organização, desafiando a hegemonia do sistema, isto é, iniciativas de processos contra-hegemôni-cos. Nesse sentido, a criação da PBC foi impulsionada principalmente por mais uma tentativa de reforma contra hegemônica dos países do sul global. Entretanto, foi possível observar que no decorrer dos primeiros quinze anos de atuação da Comissão, à medida que as ideias contra-hegemônicas do propósito da criação da PBC se dissipavam dentro da estrutura original, melhor esta conseguia desempenhar suas funções.

Esta pesquisa foi realizada a partir de um caráter exploratório, utilizando o método de *process-tracing*. A escolha pela aplicação desse método ocorreu pois ele permite a compilação de evidências para a montagem de uma sequência de eventos que em um primeiro momento levaram a progressiva relevância de peacebuilding nas Nações Unidas, desde os anos 90, e culminaram na institucionalização do conceito por meio da criação da Peacebuilding Commission; e, em um segundo momento, a análise dos trabalhos desenvolvidos pela Comissão no recorte temporal definido entre 2005 e 2020. A montagem dessa sequência de eventos e fatores permitiu a identificação mais precisa dos constrangimentos políticos e institucionais impostos à atuação da PBC, conforme apresentado na hipótese de pesquisa.

Para este fim, foram utilizados majoritariamente fontes primárias com documentos produzidos por diversos órgãos nas Nações Unidas envolvidos na atuação da PBC. Essas fontes primárias foram utilizadas tanto com a análise de documentos oficiais quanto no levantamento de discursos dos Estados-membros, que em conjunto contribuíram para a compilação dos dados necessários para esta pesquisa. Suplementarmente, foram utilizadas também fontes secundárias por meio de bibliografias especializadas sobre peacebuilding, sobre o sistema ONU e sobre a PBC. Entretanto, uma limitação encontrada durante a pesquisa foi o acesso a alguns tipos de informações que só poderiam ter sido obtido por meio de entrevistas com indivíduos envolvidos na PBC ou nas atividades de peacebuilding do sistema ONU, pois muitas das negociações ou minucias de percepção sobre a Comissão não se encontram em documentos oficiais e discursos, uma vez que são expressas em encontros informais, os quais não têm registros disponíveis.

Os resultados alcançados demonstram que a Peacebuilding Commission conseguiu cumprir apenas parcialmente as funções que lhe foram atribuídas, devido aos constrangimentos institucionais e políticos impostos por atores dentro do sistema ONU que causaram limitações em seu funcionamento. As expectativas de transformação na área de peacebuilding que a criação não somente da PBC, mas de toda a Peacebuilding Architecture representou, em 2005, não foram alcançadas, devido, primordialmente, a fatores de disputas históricas de natureza política entre norte e sul que se traduziram em disputas institucionais no âmbito das Nações Unidas e tiveram como consequência, na área específica de peacebuilding, a eficácia no funcionamento da Comissão.

Este livro está dividido em três capítulos. O primeiro capítulo será focado no período que antecede a criação da PBC até seu estabelecimento, em 2005. Assim, trabalharemos com o recorte temporal a partir do início dos anos 1990, quando foi introduzido o conceito de peacebuilding nas Nações Unidas com a Agenda para a Paz, até a consolidação da institucionalização do conceito de peacebuilding por meio da criação da Peacebuilding Commission, em 2005. O principal objetivo desse capítulo é apresentar ao leitor os fatos históricos que precedem a criação da Comissão e que servirão como base para a compreensão dos problemas em sua atuação.

O segundo capítulo tem como objetivo explorar os primeiros quinze anos de trabalho da Comissão detalhadamente. Assim, o recorte temporal utilizado é o primeiro ano de atuação da PBC, de 2005 até a 2020. Aqui, veremos como a PBC foi recebida no sistema ONU como um novo órgão introduzido em uma estrutura já operante e os detalhes de sua atuação. Desde um início em meio a grandes expectativas, passando pela dificuldade de atuação da Comissão e a tentativa de reerguer a PBC por meio de algumas reestruturações internas.

Por fim, o terceiro capítulo propõe uma análise crítica da Peacebuilding Commission e sua relação com os outros órgãos do sistema ONU e seu papel desempenhado dentro da PBA. Nesse capítulo, o leitor será apresentado aos empecilhos institucionais e políticos que permearam os trabalhos da Comissão. Dessa forma, será possível verificar se a PBC conseguiu cumprir as funções que lhe foram delegadas em 2005 e os constrangimentos que possivelmente a impediram de desempenhar esse papel.

A EVOLUÇÃO E INSTITUCIONALIZAÇÃO DO CONCEITO DE PEACEBUILDING NAS NAÇÕES UNIDAS

A Peacebuilding Commission das Nações Unidas foi estabelecida em dezembro de 2005 e iniciou suas operações no ano seguinte. De maneira a entender melhor o porquê da criação da Comissão e analisar seu impacto dentro do sistema ONU, é necessário primeiramente compreendermos as conjunturas internacional e institucional que culminaram em sua criação. Dessa forma, este primeiro capítulo tem como objetivo navegar através dos fatos históricos que levaram ao estabelecimento da PBC, em 2005, e que, adicionalmente, servirão como base para a análise da sua atuação nos primeiros quinze anos de existência nos capítulos seguintes.

Peacebuilding é um conceito amplamente debatido dentro da área de segurança internacional. Como este livro tem o objetivo de analisar especificamente a Peacebuilding Commission, é necessário o entendimento, especificamente, sobre qual é a visão institucional predominante do conceito dentro das Nações Unidas. Entretanto, peacebuilding não é um conceito estático e a interpretação de seu significado se modifica ao longo do tempo, sendo impactada pela conjuntura internacional e institucional de cada período. Assim, o primeiro capítulo tem como objetivo navegar através da evolução desse conceito desde sua introdução na ONU, no período pós-Guerra Fria, até o momento da criação da PBC, em 2005.

Apesar dos diferentes atores governamentais, não governamentais e institucionais presentes na ONU e que, portanto, têm interpretações distintas sobre peacebuilding. Aqui, trabalharemos com a visão predominante institucional veiculada por meio dos chamados "macro-documentos". Esses documentos resumem uma visão institucional dentro dos contextos históricos específicos nos quais eles foram produzidos e aprovados, elucidando também as discussões em voga nos períodos de elaboração e suas consequências.

Assim, este capítulo estará estruturado em seis partes: primeiro, introduzirei um breve resumo das discussões de reestruturação dos pilares de paz e segurança da ONU em um contexto pós-Guerra Fria; em seguida, analisarei a Agenda para a Paz (1992), documento que marcou a primeira vez que o conceito de peacebuilding foi introduzido em um debate central nas Nações Unidas; após, as consequências da Agenda para a Paz e dos problemas enfrentados nas operações de paz na primeira metade dos anos 1990, analisaremos a resposta institucional por meio do Suplemento da Agenda para a Paz, em 1995; a quarta parte do capítulo abordará o Relatório Brahimi (2000) e sua tentativa de repensar as estruturas de paz e segurança da ONU, em face às falhas na atuação da organização nos anos 1990, e rea-dequá-las para os desafios do novo milênio e no qual é introduzida a ideia de haver um órgão específico para peacebuilding no sistema ONU; após isso, apresentarei o processo de preparação para o World Summit de 2005, que marcou os 50 anos das Nações Unidas e liderado por Kofi Annan, prevendo uma ampla reforma no sistema ONU, incluindo a criação da Peacebuilding Commission; por fim, analisarei o World Summit e o estabelecimento da Peacebuilding Commission, em 2005.

1.1 TRANSFORMAÇÕES NA ONU NOS ANOS PÓS-GUERRA FRIA

O fim da Guerra Fria marcou um período de reposicionamento da ONU e revisão do seu papel da estrutura de paz e segurança coletiva. Assim, para compreender melhor como peacebuilding entrou para agenda de segurança da organização, devemos analisar também o contexto histórico da reformulação das estruturas de operações de paz e reposicionamento da ONU, desde os anos 1990, suas causas e consequências.

Desde o final dos anos 1980, a organização já apresentou um maior número de intervenções na resolução de conflitos internacionais. Quando comparamos quantitativamente, a ONU autorizou 13 novas operações de paz entre 1988 e 1993, ao passo que, durante as quase quatro décadas de duração da Guerra Fria, a organização havia autorizado o mesmo número de operações (GOULDING, 1993). Algumas causas podem estar relacionadas a esse aumento no número de operações de paz nesse período. A primeira delas reflete mudanças institucionais nas ações do Conselho de Segurança (CSNU) com o fim do conflito entre Estados Unidos e União Soviética.

Apesar de as operações de paz não estarem previstas formalmente dentro da estrutura da Carta das Nações Unidas[1], sua aprovação e especificações do mandato ficam sob jurisdição do CSNU, órgão cuja "principal responsabilidade é a manutenção da paz e segurança internacionais" (NAÇÕES UNIDAS, 1945, s/p). Durante o período da Guerra Fria, as disputas hegemônicas entre Estados Unidos e União Soviética afetaram a atividade do CSNU, por meio do constante uso do veto por esses dois países nas resoluções do Conselho.[2] A disputa política entre as duas potências e a suas constantes utilizações do veto resultaram na paralização da maior parte das atividades do CSNU, inclusive no que tange às operações de paz. Nesse sentido, o fim da Guerra Fria e a dissolução da União Soviética também levaram a aprovação de mais resoluções por parte do Conselho (BELLAMY; WILLIAMS, 2005).

A segunda causa é o aumento no número de conflitos no final dos anos 1980 e início dos anos 1990, especificamente conflitos intraestatais e majoritariamente concentrados geograficamente no terceiro mundo. Apesar de a Guerra Fria ser reconhecida por alguns analistas como um período de estabilidade no sistema internacional por causa da mútua destruição assegurada (*Mutually Assured Destruction – MAD)* (WALTZ, 1979), essa não foi a mesma situação da periferia global — ou o denominado terceiro mundo.

As rivalidades entre Estados Unidos e União Soviética ocorreram mediante a busca por determinação de áreas de influência na periferia global por meio das guerras por procuração. O resultado das guerras por procuração foi o aumento da instabilidade interna e regional de muitos Estados do terceiro mundo, mediante da promoção de conflitos em países que ainda estavam em processo de formação de suas estruturas interna, uma vez que muitos desses haviam conquistado sua independência apenas após a Segunda Guerra Mundial. Ademais, houve uma intensa transferência de armas sofisticadas para governos locais clientelistas e apoiados por uma das duas grandes potências rivais. Porém, uma vez que a Guerra Fria se aproximava do fim, culminando na retirada de Estados Unidos e União Soviética dessas áreas de influência, houve uma potencialização dos conflitos em Estados fragilizados (AYOOB, 1991, 1996). Ayoob (1991, p. 104)

---

[1] As operações de paz conduzidas pela ONU são consideradas, segundo o ex-secretário-geral Dag Hammarskjöld, como o Capítulo VI e ½ da Carta das Nações Unidas, uma vez que apresentam componentes do Capítulo VI (Resolução Pacífica de Controvérsias) e do Capítulo VII (Ação Relativa Á Ameaças À Paz, Ruptura Da Paz E Atos De Agressão) (ABDENUR; HAMANN, 2016).

[2] Bellamy e Williams afirmam que, entre 1945 e 1990, 238 vetos foram contabilizados dentro do CSNU, ao passo que, no período entre 1990 e 2002, apenas 12 vetos ocorreram (BELLAMY; WILLIAMS, 2010).

afirma que "[as] Políticas das superpotências de transferência de armas em países fragmentados no passado, tornaram-se agora uma grande fonte de instabilidade e desordem no período pós-Guerra Fria".

Não houve somente um aumento quantitativo no número de operações de paz durante os anos 1990, mas também houve mudanças qualitativas na condução das operações de paz (BELLAMY; WILLIAMS, 2010). Isso porque ocorreram transformações nos tipos de conflito que emergiram nas últimas décadas do século XX, as "Novas Guerras", as quais envolvem "uma mistura de guerra, crime e violações de direitos humanos" (KALDOR, 2010, p. 12).

Primeiramente, os novos tipos de conflitos tendem a ter início na esfera intraestatal, ao invés de ocorrer entre Estados. Os conflitos internos surgem e são agravados, a partir de uma segunda característica das "Novas Guerras": a diminuição da autonomia de Estado e a erosão do monopólio legítimo do uso da força, a partir da qual o Estado não tem mais legitimidade e/ou capacidade para controlar seus conflitos internos. Como consequência da dissipação do monopólio do uso da força, esse novo tipo de guerra envolve muitos atores, majoritariamente atores não estatais e atores privados, aumentando a complexidade do conflito e dificultando a identificação das partes envolvidas na guerra (KALDOR, 1999). Para Duffield (2001), nas Novas Guerras, as divisões entre povo, exército e governo não apresentam distinções claras.

As "Novas Guerras" diferem também em relação ao seu objetivo. Ao passo que, anteriormente, os objetivos eram majoritariamente geopolíticos, nos novos conflitos, as políticas identitárias e étnicas são sua principal fonte legitimadora. Não obstante, a população civil tende a ser o principal alvo desses conflitos[3], o que contribui para altos números de causalidades e aumento do número de refugiados (KALDOR, 1999; MÜNKLER, 2005).

Outra característica é a mudança no modo de batalha, uma vez que os atores envolvidos nas Novas Guerras utilizam táticas de *guerilla* ou contrainsurgência (KALDOR, 1999). Diferentemente da concepção clauzewitziana da busca pela batalha final, esses conflitos tendem a evitar confrontos diretos, têm baixa intensidade (*low intensity wars*) e, por isso, prolongam-se por mais tempo (KALDOR, 2010; MÜNKLER, 2005). Por fim, outra característica fundamental das "Novas Guerras" é a criação de uma economia global da guerra. Há atores (internos e externos) envolvidos, os quais se beneficiam

---

[3] Segundo Kaldor (1999, p. 8), "Na virada do século a proporção de causalidades entre militares e civis nas guerras era de 8:1. Hoje, isso foi quase totalmente revertido; nas guerras dos anos 1990, a proporção de causalidades entre militares e civis é aproximadamente 1:8".

economicamente com a perpetuação do conflito e a sustentação contínua da violência (DUFFIELD, 2001), por isso, Kaldor (2010) também se refere a elas, em trabalhos posteriores, como "Guerras Inconclusivas".

De fato, a autora reúne características já exploradas na literatura de segurança internacional para construir o conceito de "Novas Guerras". Em complemento ao trabalho de Kaldor, autores, como Münkler, indicam que também é necessário abordar a transnacionalidade característica desses novos tipos de conflito, pois, apesar de terem início, majoritariamente, no nível interno, muitos desses conflitos acabam gerando um *spill-over* com consequências para além de suas fronteiras (MÜNKLER, 2005). Edward Newman (2004) questiona, por sua vez, o fato de as "Novas Guerras" representarem uma ideia de novidade, pois historicamente alguns conflitos já apresentavam as características do que autores introduzem como "Novas Guerras". A despeito das críticas e das discordâncias entre os atores que discutem as "Novas Guerras", o conceito nos fornece uma metodologia que permite a criação de uma base para a análise de conflitos cada vez mais complexos no cenário internacional, não podendo ser explicados por visões mais tradicionalistas da área de segurança internacional, como o realismo e o liberalismo (DOYLE; SAMBANIS, 2006).

A mudança nos tipos de conflitos a partir dos anos 1990 resultou também em adaptações na maneira com que as intervenções externas fossem realizadas, especificamente as Operações de Paz realizadas pela ONU. Após o fim da Guerra Fria, a organização buscava um reposicionamento para manter sua relevância no cenário internacional, principalmente frente ao desafio pautado no aumento do número de conflitos internos em países do terceiro mundo durante esse período. Para isso, a organização se afastou das visões mais tradicionais de segurança internacional e passou a adotar uma visão ampliada de segurança.

As visões mais tradicionais restringem a área da segurança internacional somente ao âmbito militar. Em contrapartida, as abordagens ampliadoras de segurança consideram outros temas para além do âmbito militar, como desenvolvimento, Direitos Humanos, meio ambiente, como temas que também influenciam na manutenção da paz e segurança internacional (BUZAN, 1997; BUZAN; HANSEN, 2012). Ao adotar a visão ampliada de segurança para lidar com as "Novas Guerras", a organização também teve que revisar o formato de suas operações de paz. Nesse contexto, as operações de paz tradicionais (ou de primeira geração) passaram a ter mandatos mais ambiciosos.

As operações de paz tradicionais, que ocorreram durante o período da Guerra Fria, só poderiam ser empregadas por meio do consentimento das partes envolvidas no conflito, atuando com imparcialidade e majoritariamente com observadores militares desarmados, sendo o uso da força somente autorizado para fins de autodefesa das tropas da ONU em campo (GOULDING, 1993; KENKEL, 2013). Ao final dos anos 1980, com as mudanças na conjuntura internacional e nos tipos de conflito, as operações de paz passaram a obter mandatos cada vez mais abrangentes e multidimensionais.

Dessa forma, ao utilizar a visão de segurança ampliada, a ONU também caminhava para a adoção da paz positiva[4] em seus processos de paz e no fornecimento de auxílio para promover a reconstrução das sociedade pós-conflito, de maneira a evitar sua reincidência (GALTUNG, 1995). Iniciou-se, então, a introdução de peacebuilding na agenda de segurança da organização. Um dos principais marcos que oficializou essa mudança institucional foi a o documento Agenda para a Paz, por meio do qual peacebuilding foi incluída pela primeira vez na estrutura de paz e segurança da organização.

1.2 A AGENDA PARA A PAZ: OS PRIMEIROS PASSOS PARA A MUDANÇA

A Agenda para a Paz, divulgada em 1992 pelo então secretário-geral das Nações Unidas (SGNU), Boutros Boutros-Ghali, descrevia as expectativas da ONU para seu reposicionamento dentro da nova conjuntura internacional após o fim da Guerra Fria. Especificamente, esse relatório tratava de novas propostas para o sistema de segurança coletiva da organização por meio das operações de paz. Para isso, utiliza uma abordagem ampliadora de segurança internacional, na qual enfatiza a importância da proteção dos Direitos Humanos e desenvolvimento socioeconômico como pilares para a manutenção de uma paz duradoura.

Resultado das discussões do primeiro encontro de chefes de Estado e Governo do Conselho de Segurança que ocorreu em janeiro de 1992, o relatório aborda uma nova estrutura de paz, considerando quatro estágios de intervenção: diplomacia preventiva, que se refere a mecanismos de prevenção da escalada do conflito; peacemaking, por meio da solução pacífica

---

[4] O conceito de paz positiva é baseado nos dois tipos de paz descritos por Johan Galtung, em que a paz negativa consiste na ausência da violência direta e a paz positiva é determinada pela ausência de violência estrutural. Para mais informações sobre essa discussão, ver: Galtung (1995) e Galtung (1967).

de controversas entre as partes conflitantes; peacekeeping, que prevê a presença da ONU em campo, a partir do consentimento das partes envolvidas; e peacebuilding pós-conflito para a manutenção das estruturas de paz e evitar a reincidência do conflito (BOUTROS-GHALI, 1992). Os estágios de intervenção apresentados na Agenda para a Paz similares aos três tipos de paz desenvolvidos por Johan Galtung — peacemaking, peacekeeping e peacebuilding —, estudo no qual o termo peacebuilding é utilizado pela primeira vez (GALTUNG, 1976).

O relatório marca a primeira vez que peacebuilding será utilizada como um instrumento de segurança coletiva dentro da ONU, sendo incluído nessa revisão das estruturas de paz por sugestão do SGNU, Boutros-Ghali. Na Agenda para a Paz, a definição de peacebuilding aparece como um instrumento exclusivamente pós-conflito, aplicado após os outros três tipos de intervenções (diplomacia preventiva, peacemaking e peacekeeping), de maneira a promover a manutenção da paz positiva a longo prazo e prevenindo, assim, o ressurgimento da violência. Assim, nesse momento, a ideia de peacebuilding é introduzida a partir de uma lógico de sequenciamento de ações que a ONU poderia realizar de maneira a evitar o conflito. Segundo a definição apresentada:

> [...] Post-conflict peace-building – action to identify and support structures which will tend to strengthen and solidify peace in order to avoid a relapse into conflict. Preventive diplomacy seeks to resolve disputes before violence breaks out; peacemaking and peacekeeping are required to halt conflicts and preserve peace once it is attained. *If successful*, they strengthen the opportunity for post-conflict peace--building, which can prevent the recurrence of violence among nations and peoples (BOUTROS-GHALI, 1992, p. 11-12, grifo nosso).

No restante do documento, há somente mais uma pequena seção de cinco parágrafos dedicada à peacebuilding ao final e na qual encontramos mais algumas especificações do funcionamento desse mecanismo pós--conflito. Entre as atividades que deveriam ser desempenhadas para uma consolidação da paz incluem-se desarmamento, proteção dos Direitos Humanos e o fortalecimento das instituições governamentais dos estados. Ademais, são descritas algumas atividades práticas como a importância da desminagem para a retomada das atividades econômicas (como agricultura) dos países que passam por conflitos internos. É também destacado o papel do processo de peacebuilding como a contraparte da diplomacia preventiva "Preventive diplomacy is to avoid a crisis; post-conflict peace-building is to prevent a recurrence" (BOUTROS-GHALI, 1992, p. 33).

Por fim, na *Agenda para a Paz,* a conexão entre peacebuilding e o processo de reconstrução das estruturas internas e instituições do Estado (*Statebuilding*) é estabelecida. Especificamente, é enfatizada a ligação entre o a reconstrução dos Estados recém-saídos de um conflito partindo da ação de "strengthening of new democratic institutions" (BOUTROS-GHALI, 1992, p. 34) e a manutenção da paz e prevenção da reincidência daqueles países em uma nova onda de violência. Assim, segundo a visão institucional da ONU, "There is an obvious connection between democratic practices – such as the rule of law and transparency in decision-making – and the achievement of true peace and security in any new and stable political order" (BOUTROS-GHALI, 1992, p. 34).

A abordagem de peacebuilding utilizada na Agenda para a Paz é menos aprofundada, principalmente quando comparamos com resto do documento. As sessões dedicadas a diplomacia preventiva, peacemaking e peacekeeping apresentam mais detalhes na descrição de novos mecanismos e especificações para esses estágios do processo de paz. Outro problema, apontado por Stephen Ryan (2013), é a restrição de peacebuilding como um mecanismo unicamente pós-conflito, segundo o autor esta é uma versão reducionista das atividades de peacebuilding. Entretanto, a principal contribuição da Agenda para a Paz não foi um aprofundamento nas discussões sobre as práticas e definições de peacebuilding, mas, sim, a introdução de peacebuilding como um mecanismo da estrutura de paz das Nações Unidas, dentro dessa nova visão de segurança ampliada.

1.3 SUPLEMENTO DA AGENDA PARA A PAZ E OS OBSTÁCULOS DA NOVA CONJUNTURA

A Agenda Para a Paz refletia o otimismo inicial de reposicionamento da ONU na nova conjuntura internacional e o aumento de sua atuação por meio das operações de paz no início dos anos 1990. Entretanto, após as primeiras intervenções realizadas nesse período, a organização sofreu com alguns resultados negativos que levaram ao questionamento de sua efetividade na manutenção da paz e segurança internacionais.

Em Angola, após o sucesso da *United Nations' Angola Verification Mission* (UNAVEM) em conter o conflito no país, o CSNU autorizou a UNAVEM II, cujo mandato previa a desmobilização e monitoramento de eleições. Entretanto, seu mandato não conseguiu conter a ressurgência do conflito no país e o consequente alto número de mortes de angolanos. No ano seguinte, o envio de tropas americanas sob a autorização da ONU para resgatar trabalhadores humanitários e tropas da organização na Somália, terminou rapidamente após o *Black Hawk Down*. O "Efeito Mogadishu", após os problemas enfrentados na Somália, impactou negativamente a vontade política dos Estados Membros da ONU no engajamento em conflitos de alto risco. Os resultados desse desengajamento nos conflitos de alto risco foram o genocídio em Ruanda, em 1994, e em Srebrenica, em 1995 (BELLAMY; WILLIAMS, 2005; SABARATNAM, 2011; ANNAN, 2012). Em ambos os casos, havia operações de paz já presentes nos países, *United Nations Protection Force* (UNPROFOR), na Bósnia, e a *United Nations Assistance Mission for Rwanda* (UNAMIR), em Ruanda, porém atuando sob mandatos restritos, os quais o CSNU somente revisou após as tragédias ocorridas.

A partir desses acontecimentos, a ONU buscou uma nova revisão das suas atividades relacionadas à manutenção da paz e à segurança internacional por meio do Suplemento da Agenda Para a Paz, formalizado pelo SGNU Boutros Boutros-Ghali. Sabaratnam (2011) observa que, mesmo com os resultados negativos da ONU na primeira metade dos anos 1990, ao invés do Suplemento advogar por uma redução nas atividades interventoras da organização, ele sugere um aumento das atividades das operações de paz, tornando-as ainda mais ambiciosas. De fato, o Suplemento apresenta descrições mais detalhadas do funcionamento da estrutura de paz e segurança da organização e, não obstante, avança também na importância de peacebuilding para a manutenção da paz.

Apresentado em 1995 por Boutros-Ghali em função do 50º Aniversário da ONU, o Suplemento da Agenda para a Paz inicia a revisão do papel da organização nas operações de paz. Anteriormente, na primeira seção da Agenda para a Paz, havia uma preocupação maior referente ao papel que a organização deveria ocupar dentro da nova conjuntura internacional pós-Guerra Fria, não obstante a sessão é denominada *"Changing Context"*. Por outro lado, no Suplemento, em sua primeira seção (*"Quantitative and Qualitative Changes"*), é evidenciado o reconhecimento da ONU sobre a mudança na natureza dos conflitos e, consequentemente, a necessidade de mudanças na estrutura das operações de paz, que deveriam apoiar operações multifuncionais[5] com amplo caráter humanitário.

---

[5] Nesse documento, é utilizado o termo *multifunctional* como sinônimo para as operações de paz mais complexas que na literatura são comumente referidas como operações de paz *multidimensionais*. Optou-se por manter a denominação *multidimensional* no decorrer desta pesquisa, assim como é utilizado pela maior parte da literatura.

Ao descrever os novos tipos de conflito, o Suplemento se aproxima das características reunidas sob o conceito de "Novas Guerras". Especificamente:

Tabela 1 – Mudança nas Características de Conflito (Suplemento da Agenda para a Paz)

Tipo de mudança	Mudança	Trecho
Local do conflito	Majoritariamente Intraestatal	"a maioria dos conflitos atuais ocorrem dentro dos Estados ao invés de entre Estado" (p. 3)
Atores envolvidos no conflito	Além dos exércitos nacionais, também há participação de milícias e civis armado	"Eles [os conflitos] geralmente são dotados não somente por exércitos, mas também por milícias e civis armados com pouca disciplina e cadeias de comando pouco definidas" (p. 5)
Modo de batalha	Táticas de guerrilha	"São geralmente conflitos de guerrilha que não tem linha de frente definida" (p. 5)
Principal alvo	População civil	"Populações civis são geralmente as principais vítimas e os principais alvos" (p. 6)

Fonte: a autora, a partir de Boutros-Ghali (1995)

Em relação à peacebuilding, o Suplemento dedica mais espaço ao conceito do que a Agenda para a Paz. A seção dedicada ao desenvolvimento de peacebuilding ainda é denominada de *"Peacebuilding Pós-Conflito"*. Entretanto, em seu o primeiro parágrafo, é introduzida uma ampliação da utilização do conceito tanto para auxílio pós-conflito quanto também de maneira preventiva. Segundo o Suplemento, as atividades desenvolvidas por peacebuilding "can be as valuable in preventing conflict as in healing the wounds after conflict has occurred" (BOUTROS-GHALI, 1995, p. 12). O Suplemento também cita algumas das atividades que seriam desenvolvidas por meio de peacebuilding como desmilitarização, controle de armas de pequeno porte, reforma institucional, melhoras no sistema policial e judiciário, reforma eleitoral, proteção de Direitos Humanos e desenvolvimento socioeconômico (BOUTROS-GHALI, 1995).

O documento apresenta duas situações distintas para utilização das práticas de peacebuilding. Na primeira, já há presença da ONU em campo responsável por negociar os termos de manutenção da paz com atores envolvidos no conflito. Dessa forma, as atividades de peacebuilding seriam parte do mandato de uma operação de paz multifuncional. Em um segundo cenário, o desenvolvimento de atividades de peacebuilding — preventivas ou pós conflito — são realizadas sem a presença prévia da estrutura de operações de paz no país (BOUTROS-GHALI, 1995).

De fato, a primeira situação facilita o desenvolvimento das atividades de peacebuilding, uma vez que a ONU já tem sua presença reconhecida no país. Não obstante, o Suplemento identifica que a segunda situação apresenta maior dificuldade para ser implementada, devido ao não estabelecimento da presença prévia das estruturas da organização no local. Entretanto, apesar das ressalvas expressas no documento, há o desenvolvimento de peacebuilding como um instrumento de entrada da ONU no país. Ao compararmos com Agenda para a Paz, observamos que, no documento anterior, peacebuilding era apresentada como uma progressão das atividades de peacekeeping, de peacemaking ou da diplomacia preventiva, caso os objetivos desses fossem alcançados com sucesso. No Suplemento, por outro lado, vemos o desenvolvimento de peacebuilding como uma atividade autônoma, demonstrando o espaço crescente do conceito dentro da estrutura de paz e segurança da organização (BOUTROS-GHALI, 1995).

Outro ponto que deve ser ressaltado dentro do Suplemento é a complexidade das atividades de peacebuilding e, por isso, são desenvolvidas por diversos programas, agencias e fundos dentro do sistema ONU. A proposta apresentada objetiva a transferência da responsabilidade da atuação da operação de paz do CSNU para outro órgão responsável quando o estágio de peacebuilding for atingido, no caso, a Assembleia Geral ou outro órgão intergovernamental, como demonstrado no trecho a seguir. Apesar de não oferecer muitos detalhes sobre essa iniciativa, o parágrafo demonstra o início da discussão da transferência da agenda de peacebuilding do CSNU para outro órgão da ONU e que retornará com maior ênfase nos anos 2000, no Relatório Brahimi (BOUTROS-GHALI, 1995).

> It also may be necessary in such cases to arrange the transfer of decision-making responsibility from the Security Council, which will have authorized the mandate and deployment of the peacekeeping-operation, to the General Assembly or other inter-governmental body with responsibility for the civilian peace-building activities that will continue (BOU-TROS-GHALI, B., 1995, p. 13).

Logo, após a divulgação do Suplemento, algumas mudanças na operacionalização de peacebuilding já começaram a ocorrer. Nos anos seguintes, os primeiros escritórios locais de peacebuilding foram estabelecidos e ficaram sob tutela do *Department of Political Affairs* (DPA). O primeiro foi o *United Nations Office for Liberia* (UNOL), em 1997, seguidos pelo escritório em Guiné-Bissau, República Centro Africana e Tajiquistão (RYAN, 2013).

Por fim, o Suplemento enfatiza que as atividades de peacebuilding devem ocorrer respeitando o princípio de consentimento das partes envolvidas no conflito, o que faria com que peacebuilding fosse desenvolvida de acordo com a ideia de soberania westfaliana.[6] Entretanto, nesse período, também se fortalecia no âmbito institucional os discursos que realizavam conexões entre a maior incidência de conflitos e Estados com estruturas internas debilitadas — ou "Estados Falidos". Assim, em complemento à Agenda para a Paz e ao Suplemento, Boutros-Ghali também promoveu a Agenda para o Desenvolvimento (1994) e a Agenda para a Democratização (1996). Ambos os documentos ressaltavam a importância do desenvolvimento e democracia, respectivamente, uma vez que a promoção desses pilares poderia auxiliar na melhora das "estruturas internas debilitadas", contribuindo para a não recorrência do conflito e, portanto, para a manutenção da paz.

A Agenda para o Desenvolvimento e a Agenda para a Democratização evidenciaram outro aspecto central trabalhado dentro de peacebuilding e a abordagem das causas mais profundas do conflito: a reconstrução do Estado — ou *Statebuilding*. Esse conceito prevê que Estados com estruturas e instituições internas frágeis eram mais suscetíveis à emergência de um conflito interno, portanto, as operações de paz também deveriam auxiliar nesse aspecto do pós-conflito. Esses Estados, entretanto, deveriam ser reconstruídos com base nos pilares democráticos-liberais, pois eram considerados mais estáveis e, portanto, menos propensos à guerra, conforme defendido pelo discurso da paz liberal (DOYLE, 1983). Essas discussões conectavam segurança e desenvolvimento e democracia, somadas ao "clima intervencionista da organização" (SARABATNAM, 2011, p. 19).

Para o desenvolvimento do conceito de peacebuilding dentro da ONU, o Suplemento representou a primeira expansão das suas atividades dentro da estrutura de paz e segurança da organização. A partir de então, havia a percepção crescente de que somente a autorização do uso da força e peacekeeping não seriam suficientes para a lidar com os novos conflitos e que essas atividades deveriam ser complementadas por medidas que lidas-

---

[6] A ideia de soberania westifaliana prevê a autodeterminação dos povos e, portanto, a não intervenção externa. Essa visão de soberania é predominante na ONU e apresentada pelo seu documento fundador, a Carta das Nações Unidas, no Capítulo I "Propósitos e Principios", especificamente nos artigos 1.2, 2.1 e 2.4 (NAÇÕES UNIDAS, 1945). Para uma discussão mais detalhada sobre as interpretações de soberania ver: Bellamy e Williams (2010).

sem com as causas profundas da guerra por meio peacebuilding. Apesar disso, nesse documento, as práticas que poderiam ser desenvolvidas por peacebuilding eram apenas citadas com pouca profundidas na maneira como elas seriam desenvolvidas em campo. Assim, o próximo passo da evolução do conceito de peacebuilding dentro da ONU foi a consolidação e a descrição detalhada de suas atividades no Relatório Brahimi, em 2000.

1.4 O RELATÓRIO BRAHIMI

Após o aumento do número de operações de paz da ONU no início dos anos 1990, houve em seguida um crescente desengajamento da comunidade internacional nas intervenções internacionais, após os problemas enfrentados nas operações de paz, mais notoriamente na Bósnia, Angola, Somália e Ruanda. Apesar dos esforços que o secretário-geral Boutros Boutros-Ghali ao revisar os problemas ocorridos nas operações de paz no Suplemento da Agenda para Paz, em 1995, apenas uma nova operação de paz com o mandato mais ambicioso e que autorizava o uso da força foi autorizada, entre 1995 e 1999, no leste da Croácia (DURCH *et al.*, 2003).

Entretanto, outras intervenções externas foram realizadas, mas fora da tutela da ONU e majoritariamente lideradas por países ocidentais. Após a escalada da violência do Kosovo e a ameaça de veto da Rússia no CSNU na aprovação de uma operação de paz que autorizasse o uso da força, foi elaborada uma controversa operação de paz pela OTAN, liderada pelos Estados Unidos e Reino Unido sem a autorização do Conselho de Segurança (WHEELER, 2010). No Timor Leste, tropas australianas lideravam a transição para um governo temporário. Por outro lado, ainda havia um temor da comunidade internacional em relação à realização de novas intervenções ambiciosas no continente africano, após os problemas nos anos 1990. Assim, os conflitos em Serra Leoa e na República Democrática do Congo sofreram com mandatos restritos e Acordos de Paz mal formulados (BELLAMY; WILLIAMS, 2010).

Em uma nova tentativa de recuperação da relevância das estruturas de paz e segurança da ONU, o SGNU apontou a formação do Painel das Nações Unidas para Operações de Paz, em 2000. Liderados pelo ex-primeiro-ministro Algeriano, Lakhdar Brahimi, foram reunidos especialistas, representantes diplomáticos de alguns Estados-Membros e funcionários da organização para repensar toda a estrutura da organização referente às operações de paz. O resultado foi a produção do Relatório Brahimi, divulgado em agosto de 2000.

O Relatório Brahimi foi responsável principalmente pela revisão de "problemas operacionais – desde o planejamento de novas missões até o recrutamento de forças capacitadas, sua rápida mobilização e manutenção no campo" (DURCH *et al.*, 2003, p. 1). De fato, o relatório é um documento mais extenso do que a Agenda para a Paz e o Suplemento, isso devido à sua complexidade e à busca pelo detalhamento das atividades que deveriam ser desenvolvidas pelas futuras operações de paz, de maneira a evitar novas falhas (NAÇÕES UNIDAS, 2000).

Outra contribuição do Relatório Brahimi foi a consolidação da importância das atividades de peacebuilding para as operações de paz. Ao contrário dos documentos anteriores, nos quais peacebuilding tem uma pequena seção dedicada à definição de suas práticas, no Relatório Brahimi, além de uma extensa seção dedicada exclusivamente à peacebuilding, o conceito aparece recorrentemente durante todo o documento como uma atividade fundamental a ser desenvolvida nos processos de paz.

Ao introduzir os "elementos das operações de paz", peacebuilding é mantida como uma categoria própria dentro dos processos de paz, assim como no Suplemento: "United Nations peace operations entail three principal activities: Conflict prevention and peacemaking; peacekeeping; and peace-building" (NAÇÕES UNIDAS, 2000, p. 2). Entretanto, ao contrário dos dois documento anteriores, peacebuilding não é referida como "Peacebuilding pós-conflito", mas somente "Peacebuilding", demonstrando que o desenvolvimento das atividades de peacebuilding não deve ser restrito somente ao pós-conflito, mas que deve ser integrado em todos os estágios do processo de paz.

Nesse sentido, o Relatório Brahimi reconhece que a inclusão das atividades de peacebuilding foram elementos fundamentais dentro do desenvolvimento de operações de paz complexas para lidar com os novos tipos de conflito que se desenvolveram no pós-Guerra Fria, "making peacekeepers and peacebuilders *inseparable partners*" (NAÇÕES UNIDAS, 2000, p. IX, grifo nosso). Assim, há o reconhecimento de que peacekeeping, apesar de desenvolver as atividades fundamentais para auxiliar na desescalada da violência dos conflitos, não resolve as causas profundas do conflito, pois "treats the symptoms rather than sources of conflict" (NAÇÕES UNIDAS, 2000, p. 3).

Apesar dos mandatos ambiciosos das operações de paz nos anos 1990 que passaram a autorizar inclusive o uso da força, esses esforços não eram, na visão institucional da ONU, suficientes para evitar a reincidência de novas ondas de violência e retorno do conflito. A manutenção da paz a longo prazo por meio da paz positiva só poderia ser alcançada com a inclusão de peacebuilding neste processo:

> [...] force alone cannot create peace; it can only create a space in which peace can be built.
> In other words, the conditions do the success of future complex operations are political support, rapid deployment with a robust force posture and a *sound peace-building strategy* (NAÇÕES UNIDAS, 2000, p. 1, grifo nosso).

Além da constante presença de peacebuilding nas diversas seções do relatório, há também uma seção dedicada ao desenvolvimento de suas especificidades, denominada "Implicações para Estratégia de Peacebuilding". Na Agenda para a Paz e no Suplemento, havia uma preocupação maior de introduzir o elemento de peacebuilding dentro das estruturas de paz e segurança da organização. Por sua vez, o Relatório Brahimi tem uma preocupação em descrever em detalhes quais serão as atividades de peacebuilding realizadas em campo e delegar as autoridades responsáveis pela sua supervisão dentro da estrutura da ONU.

A seção inicia indicando o reconhecimento do CSNU e da Assembleia Geral das Nações Unidas (AGNU) sobre a importância de peacebuilding para as operações de paz. Dessa maneira, é reforçada a necessidade em pensar cuidadosamente sobre as atividades de peacebuilding, principalmente no que tange à sua aplicação a longo prazo, para que não sejam interrompidas após o fim da operação de paz. Assim é ressaltada:

> [...] the importance of defining and identifying elements of peace-building before they are incorporated into the mandates of complex peace operations, so as to facilitate later consideration by the General Assembly of continuing support for key elements of peace-building after a complex operation draws to a close (NAÇÕES UNIDAS, 2000, p. 6).

Outro ponto apresentado no Relatório é a importância dos escritórios locais de peacebuilding — ou *Peacebuilding Support Offices* — no auxílio dos processos de consolidação da paz. O Relatório apresenta que os escritórios locais de peacebuilding podem ser estabelecidos após a estabilização do conflito como forma de acompanhamento após a finalização das operações de paz como ocorreu no Tajiquistão e no Haiti, mas também a partir de "iniciativas independentes" como ocorreu na Guatemala e na Guiné-Bissau de maneira a facilitar o engajamento e comunicação entre a ONU e os atores locais (NAÇÕES UNIDAS, 2000). A criação de estruturas de peacebuilding com ou sem a presença de operações de paz já era retratada no Suplemento, mas aqui vemos houve de fato uma aplicação dessas atividades em campo.

A maior parte da seção se dedica a especificar as práticas que poderão ser desenvolvidas como peacebuilding. A primeira é a supervisão na promoção de eleições "livres e justas" como um elemento fundamental no processo de fortalecimento e reintegração das instituições de governança locais. A promoção da democracia via eleições assistidas é percebida pela ONU como uma forma de consolidação da paz, contribuindo com a menor probabilidade de reincidência do conflito, aproximando-se da teoria da paz liberal já apresentada na Agenda para a Paz e no Suplemento.

Em seguida, é apresentada a importância da promoção dos Direitos Humanos e da fundamentação das práticas de peacebuilding no Direito Internacional Humanitário como componentes prioritários. Segundo o Relatório Brahimi, a implementação eficaz dos Direitos Humanos deve ocorrer para promover "a comprehensive programme of national reconciliation" (NAÇÕES UNIDAS, 2000, p. 7).

Por fim, é introduzido o conceito de desarmamento, desmobilização e reintegração (DDR) de ex-combatentes como atividades cruciais para evitar novas ondas de violência e reincidência do conflito. As atividades e desarmamento e desmobilização já eram descritas tanto na Agenda para a Paz quanto no Suplemento, porém eram operacionalizadas por diversas agências da ONU e Organizações Não Governamentais. A partir do Relatório Brahimi, os processos de DDR seriam centralizados em peacebuilding. DDR é vista como imprescindível, pois

> [...] the basic objective of disarmament, demobilization and reintegration is not met unless all three elements of the programme are implemented. Demobilized fighters (who almost never fully disarm) will tend to return to a life of violence if they find no legitimate livelihood, that is, if they are not "reintegrated" into the local economy (NAÇÕES UNIDAS, 2000, p. 7-8).

Na última parte da seção é determinado que as atividades de peacebuilding devem ser centralizadas em um órgão dentro do sistema Nações Unidas para seu melhor funcionamento. O Relatório indica então que peacebuilding deve ficar sob a responsabilidade do DPA e, em menor escala, do Programa das Nações Unidas Para o Desenvolvimento (PNUD). Nesse sentido, peacebuilding estaria ligada majoritariamente ao Secretariado das

Nações Unidas. Assim, a coordenação das operações de paz continuaria sob comando do *Department of Peacekeeping Operations* (DPKO), ao passo que as atividades relacionadas à peacebuilding, ficariam sob comando do DPA que já era o departamento responsável por coordenar os escritórios locais de peacebuilding, assim como outras iniciativas ligadas a peacebuilding como a supervisão da realização de eleições democráticas (NAÇÕES UNIDAS, 2000).

No decorrer do Relatório Brahimi e na seção específica destinada à peacebuilding, há a constante associação entre peacebuilding, Direitos Humanos e democracia. A associação entre os três elementos ocorre desde o início dos anos 1990, mas é realizada com maior ênfase aqui. A ONU ressalta a atividade de reconstrução do Estado após o conflito como prevenção de sua reincidência, realizadas por peacebuilding, tenha, então, como pilares fundamentais os Direitos Humanos e o fortalecimento de prática e instituições democráticas.

O Relatório Brahimi marca um ponto decisivo para a revisão profunda de toda a estrutura de paz e segurança da ONU que se iniciou nos anos 1990 até os anos 2000. Além disso, o relatório representa a consolidação de peacebuilding como uma atividade essencial para a promoção da consolidação da paz em face aos novos tipos de conflito que se desenvolveram no período pós-Guerra Fria. Por fim, o Relatório marca a primeira vez que uma menção à criação de um órgão específico dentro do sistema ONU para coordenar as atividades de peacebuilding da organização.

1.5 EXPECTATIVAS DE REFORMAS E AS PREPARAÇÕES PARA O WORLD SUMMIT DE 2005

Após o Relatório Brahimi iniciou-se institucionalmente uma fase de preparação para a 60ª Sessão Anual da Assembleia Geral, liderada pelo então secretário-geral Kofi Annan e com o objetivo de implementar mudanças na operacionalidade da organização, principalmente, no que tange à segurança coletiva. Nesse período, a ONU enfrentava sentimentos de descrédito da comunidade internacional no funcionamento e eficácia das instituições multilaterais. Portanto, buscando reforçar sua legitimidade e a sua relevância no cenário internacional, houve um processo de discussões sobre possíveis reformas que poderiam ser realizadas no sistema ONU para adequá-lo à conjuntura do século XXI. Essas propostas foram elaboradas para serem introduzidas em 2005, ano simbólico que marcava os 60 anos da organização.

Nos primeiros anos do novo milênio, a organização lidava com as consequências dos ataques de 11 de setembro e da invasão ao Iraque, liderada pelos Estados Unidos. A ocorrência do 11 de setembro contou com a rápida coordenação dos principais órgãos da ONU na condenação dos ataques e aprovação de medidas contraterrorismo sob o Capítulo VII[7], pelo CSNU. O 11 de setembro fez com que países ocidentais trouxessem para as principais pautas de segurança da organização, o terrorismo. Nesse sentido, esse evento impulsionou o discurso de "Estados falidos" para o centro das agendas de paz e segurança da ONU. A ideia de que Estados com estruturas internas frágeis eram mais propensos para a ocorrência de conflitos já se desenvolvia dentro da organização desde os anos 1990, porém ganhou notoriedade neste período sob o prisma do discurso de terrorismo. A lógica seguida era a mesma: assim como Estados com estruturas internas frágeis são mais propensos a conflito — devido à ausência do monopólio do uso da força e instituições fracas —, esses Estados seriam também uma terra fértil para a propagação de células terroristas, consideradas, nesse contexto, uma das maiores ameaças à segurança coletiva (SABARATNAM, 2011). Portanto, houve um fortalecimento das práticas de statebuilding que são vinculadas à visão de peacebuilding construída pelas Nações Unidas.

Entretanto, o que parecia um momento favorável "for collective security to flourish" (NAÇÕES UNIDAS, 2004, p. 18) durou apenas até a invasão ao Iraque, em 2003. A invasão, liderada pelos Estados Unidos e apoiada pela OTAN, não foi aprovada pelo Conselho de Segurança e, portanto, não era legal, de acordo com as normas internacionais.[8] Esse evento somado aos problemas ocorridos nas operações de paz da ONU nos anos 1990 e a ação da OTAN com uso da força no Kosovo, sem que houvesse a aprovação de uma resolução que permitisse de fato a utilização do Capítulo VII, em 1999. Assim, era eminente o descrédito da comunidade internacional na capacidade da ONU em articular mecanismos de segurança coletiva (ANNAN, 2013; NAÇÕES UNIDAS, 2004).

Havia, então, a necessidade de revisar a atuação das Nações Unidas na frente de paz e segurança e propor reformas institucionais para assegurar que a organização continuasse a ser efetiva. Principalmente, era fundamental que os mecanismos utilizados pela ONU fossem condizentes com a natureza das novas

---

[7] O Capítulo VII da Carta das Nações Unidas delega exclusivamente ao Conselho de Segurança o poder de deliberar sobre o uso de medidas coercitivas, entre as quais podem evoluir para o uso legal da força contra àqueles que os membros do CSNU concluírem que representam uma ameaça à segurança coletiva (NAÇÕES UNIDAS, 1945).

[8] Carta das Nações Unidas prevê nos artigos 2.4 e 2.7 que não é permitido o uso da força contra integridade territorial de qualquer Estado, com exceção das medidas coercitivas apresentadas no Capítulo VII que permite o uso da força pelo CSNU (NAÇÕES UNIDAS, 1945).

ameaças apresentadas repetidamente desde a Agenda para a Paz. Apesar de o Relatório Brahimi ter sido uma tentativa de apresentar soluções pragmáticas para a revisão dos instrumentos de segurança coletiva, não houve mudanças significativas na prática para além da autorização de algumas operações de paz com mandatos multidimensionais.[9] Portanto, entre 2003 e 2004, houve uma iniciativa intrainstitucional e liderada por Kofi Annan de preparação para a implementação de reformas no sistema ONU, com o objetivo de apresentá-las no ano seguinte na 60ª Sessão Anual da Assembleia Geral das Nações Unidas.

O processo envolveu uma série de consultas regionais e temáticas sobre paz e segurança[10] internacionais ao longo de 2014, sendo o mais proeminente o *High-level Panel on Threats, Challenges and Change* organizado pelo SGNU com representantes de alguns Estados-Membros.[11] O *High-level Panel* divulgou, em dezembro do mesmo ano, o seu relatório final denominado *A More Secured World: Our Shared Responsibility*. O objetivo principal desse relatório foi realizar uma revisão compreensiva das estruturas de paz e segurança da ONU e sugerir novas visões para segurança coletiva. Não obstante, ele aborda de maneira aprofundada projetos de reforma das Nações Unidas que estão em debate desde sua criação, como a reforma do Conselho de Segurança. O relatório produzido pelo *High-level Panel* apresenta uma seção extensa dedicada à reforma do CSNU, incluindo algumas propostas para sua ampliação para que esse fosse mais representativo e traduzisse a nova conjuntura internacional do século XXI, distinta daquela de 1945. Nesse período, o processo de reforma do CSNU era uma das principais pautas da organização em paz e segurança e amplamente impulsionada por Kofi Annan, havia uma extensa preparação para que algum resultado nessa questão fosse obtido em 2005.[12]

---

[9] Kofi Annan cita especificamente os exemplos de Serra Leoa, Timor Leste e Kosovo (ANNAN, 2003).

[10] Em anexo ao relatório final do *High Level Panel,* é possível ter acesso a todas as consultas regionais e temáticas realizadas. Para mais informações ver: Nações Unidas (2004).

[11] Na nota do SGNU do relatório final ele apresenta os membros do *High-level panel:* "I asked Anand Panyarachun, former Prime Minister of Thailand, to chair the High-level Panel on Threats, Challenges and Change, which included the following eminent persons from around the world, who represent a wide range of experience and expertise: Robert Badinter (France), João Baena Soares (Brazil), Gro Harlem Brundtland (Norway), Mary Chinery Hesse (Ghana), Gareth Evans (Australia), David Hannay (United Kingdom of Great Britain and Northern Ireland), Enrique Iglesias (Uruguay), Amre Moussa (Egypt), Satish Nambiar (India), Sadako Ogata (Japan), Yevgeny Primakov (Russian Federation), Qian Qiqian (China), Salim Salim (United Republic of Tanzania), Nafis Sadik (Pakistan) and Brent Scowcroft (United States of America)" (NAÇÕES UNIDAS, 2004).

[12] Como o objetivo deste trabalho é a discussão de peacebuilding dentro da ONU e a atuação da Peacebuilding Commission, o processo de reforma do CSNU foi citado apenas por ser a principal pauta dentro do processo de reestruturação dos pilares de paz e segurança das Nações Unidas. Para mais detalhes sobre o processo e propostas de reforma do CSNU, ver: Nações Unidas (2004), Cox (2011), Thakur (2004) e Winther (2020).

Dada a abrangência desse relatório, era imprescindível que ele tratasse sobre peacebuilding, uma vez observada a crescente relevância do conceito dentro da organização, desde os anos 1990. Dessa forma, ele apresenta uma atualização da abordagem de peacebuilding pela ONU, assim como introduz, pela primeira vez, a denominação de "Peacebuilding Commission" como o órgão que seria responsável por coordenar as atividades de peacebuilding na organização (NAÇÕES UNIDAS, 2004).

Em relação ao conceito de peacebuilding, a seção designada à sua discussão volta a ser denominada como "peacebuilding pós-conflito", contudo o seu conteúdo reafirma que peacebuilding deve ser presente desde o estágio de prevenção como o sistema de aviso prévio (*early warning*), passando pelo conflito e sendo mantido durante estágio pós-conflito. O estágio de prevenção é apresentado como fundamental, especialmente em Estados que já tiveram conflitos intraestatais e têm maior propensão à recorrência da violência. Entre as atividades de peacebuilding vistas como essenciais, o relatório destaca três principais: DDR, estabelecimento do Estado de Direito e estabelecimento de instituições (NAÇÕES UNIDAS, 2004).

O maior problema apontado pelo relatório de 2004 é a necessidade de engajamento internacional a longo prazo para o desenvolvimento eficaz de peacebuilding para que sejam diminuídas as chances de reincidência do conflito. Após a retirada das operações de paz, os Estados receptores sofrem de falta de engajamento financeiro e político que permitiria a continuidade em peacebuilding. Institucionalmente, "when peacekeepers leave a country, it falls off the radar screen of the Security Council" (NAÇÕES UNIDAS, 2004, p. 61). Segundo o relatório, houve tentativas de criação de comitês *ad hoc* no ECOSOC para lidar com situações em países específicos em contextos de transição, mas essa iniciativa teve poucos resultados. Portanto, era percebida a necessidade de ser estabelecido "a single intergovenmental organ dedicated do peacebuilding" (NAÇÕES UNIDAS, 2004, p. 61).

Esse novo órgão intergovernamental iria preencher uma "lacuna institucional" existente no sistema ONU, pois não havia, até o momento do relatório, um órgão específico para evitar o colapso de Estados e auxiliar os processos de transição dos países em conflito. Somado a isso, o relatório apresenta o argumento que a ONU teria a legitimidade necessária para a criação de um novo órgão que auxiliasse esses países a desenvolver suas estruturas internas para evitar novas ondas de violência.

A PEACEBUILDING COMMISSION DAS NAÇÕES UNIDAS:
UM BALANÇO DOS PRIMEIROS QUINZE ANOS (2005 – 2020)

Para esse fim, o relatório introduz a ideia da criação da Peacebuilding Commission. Ela seria estabelecida pelo Conselho de Segurança, após um processos consultivo com o ECOSOC e agindo de acordo como artigo 29 da Carta.[13] De acordo com a proposta do relatório, a PBC exerceria quatro funções principais dentro do sistema ONU: identificar países que apresentam risco de colapso do Estado; trabalhar em conjunto com governos locais para evitar o agravamento deste colapso; auxiliar os países no processo de transição entre conflito e pós-conflito; e angariar suporte da comunidade internacional para a manutenção das atividades de peacebuilding no estágio pós-conflito (NAÇÕES UNIDAS, 2004).

Em preparação para 2005, também são sugeridas diretrizes para a criação da nova Comissão:

> (a) The Peacebuilding Commission should be reasonably small;
> (b) It should meet in different configurations, to consider both general
> (c) It should be chaired for at least one year and perhaps longer by a member approved by the Security Council;
> (d) In addition to representation from the Security Council, it should include representation from the Economic and Social Council;
> (e) National representatives of the country under consideration should be invited to attend;
> (f) The Managing Director of the International Monetary Fund, the President of the World Bank and, when appropriate, heads of regional development banks should be represented at its meetings by appropriate senior officials;
> (g) Representatives of the principal donor countries and, when appropriate, the principal troop contributors should be invited to participate in its deliberations;
> (h) Representatives of regional and subregional organizations should be invited to participate in its deliberations when such organizations are actively involved in the country in question (NAÇÕES UNIDAS, 2004, p. 69-70).

Além da PBC, também deveria ser estabelecido um suporte dentro do Secretariado. Portanto, é sugerida a criação do Peacebuilding Support Office (PBSO), com o objetivo de auxiliar na integração das atividades de peacebuilding que ocorrem em diversos órgãos do sistema ONU. De maneira

---

[13] O artigo 29 da Carta das Nações Unidas prevê que "O Conselho de Segurança poderá estabelecer órgãos subsidiários que julgar necessários para o desempenho de suas funções" (NAÇÕES UNIDAS, 1945, s/p).

mais específica, o PBSO também seria responsável por aconselhar os chefes das operações de paz, os coordenadores residentes das Nações Unidas e governos nas matérias de peacebuilding (NAÇÕES UNIDAS, 2004).

Apesar do período complexo para as Nações Unidas no que tange à sua atuação na segurança coletiva no início dos anos 2000, ocorria um movimento pragmático intrainstitucional liderado por Kofi Annan, com o objetivo de readequar os instrumentos de paz e segurança da organização para a nova conjuntura internacional. Em relação à peacebuilding, esse movimento de reformas na ONU foi fundamental para a formalização de uma proposta concreta de criação de um novo órgão intergovernamental no sistema ONU específico para peacebuilding. Anteriormente no relatório Brahimi, ocorreu o início da ideia de institucionalização de peacebuilding, porém o *High-level Panel* preparou uma proposta de fato para que fosse apresentada em setembro do mesmo ano, durante o *World Summit*.

1.6 WORLD SUMMIT DE 2005 E A CRIAÇÃO DA PEACEBUILDING ARCHITECTURE

Após introdução da primeira proposta formal da PBC formulada no *High-Level Panel*, de 2004, Kofi Annan avaliou a recepção por parte dos Estados-membros. O G-77 e o Movimento dos Não Alinhados vocalizaram ressalvas a respeito dessa primeira proposta da PBC. Especificamente, esses países viam com desconfiança a atividade de prevenção e aviso prévio de conflitos que poderiam tomar forma de um novo tipo de colonialismo. No mesmo sentido, discordaram sobre ter mais um órgão na estrutura de paz e segurança subsidiado ao CSNU, que já controlava a maior parte dessa estrutura, especialmente seus cinco membros-permanentes (P-5) (BERDAL, 2008).

Assim, a partir das novas considerações, o SGNU divulgou um novo relatório, em março de 2005: *In Larger Freedom: Towards development, security and human rights for all*. A proposta desse relatório era adequar suas agendas de reforma para que tivessem maior possibilidade de implementação durante a realização do *World Summit* a ser realizado em setembro do mesmo ano.

In Larger Freedom é um relatório ambicioso de reforma das Nações Unidas. Ele é baseado nos três pilares do desenvolvimento, Direitos Humanos e segurança e aborda mudanças na maior parte dos órgãos da ONU com propostas para torná-los mais efetivos e representativos da conjuntura internacional daquele momento, incluindo a reforma do Conselho de Segurança e algumas mudanças na Carta das Nações Unidas. Devido à quantidade de temas abordados no relatório, há apenas uma pequena seção dedicada à proposta de criação da PBC, cujo principal destaque é a retirada da função preventiva da Comissão por meio de mecanismos de aviso prévio e monitoramento (ANNAN, 2005a; BERDAL, 2008; PONZIO, 2005).

Apesar de apenas introduzir as linhas gerais da proposta da PBC, ao final da seção, o SGNU afirma que apresentará um novo relatório detalhando o funcionamento da Comissão. Dois meses depois, em maio de 2005, Kofi Annan apresenta à AGNU o *addendum* ao *In Larger Freedom,* no qual há uma proposta completa para a criação da Comissão, apresentando detalhadamente suas funções, estrutura institucional e modalidades de ação. O *addendum* reafirma que há uma lacuna institucional existente quando se trata de peacebuilding, uma vez que "no part of the United Nations system effectivelly adresses the challenge of helping countries with the transition from war to lasting peace" (ANNAN, 2005b, p. 2). O SGNU afirma que proposta de criar essa Comissão foi recepcionada positivamente pela maior parte dos Estados-membros, e as críticas a alguns aspectos foram absorvidas e reformuladas com o objetivo de impulsionar o estabelecimento da PBC (ANNAN, 2005b).

Entre os propósitos para a criação da PBC, o relatório especifica que é "to provide a central node for helping to create and promote comprehensive strategies for peacebuilding both in general and in country situations" (ANNAN, 2005b, p. 2). A realização de atividades de peacebuilding para um país pensadas caso a caso seria o grande diferencial de atuação da PBC. A partir de atividades específicas, a Comissão deveria garantir apoio e mobilização de recursos da comunidade internacional para desenvolvimento contínuo dos projetos de peacebuilding que reflitam a realidade de cada país. A PBC também teria o papel importante de trabalhar com o processo de DDR, considerado um braço fundamental de peacebuilding na manutenção da paz a longo prazo (ANNAN, 2004a, 2005b).

Kofi Annan também esquematizou as atividades da PBC em sete funções principais: auxiliar o CSNU em situações de pós-conflito; assegurar financiamento para situações de recuperação inicial; revisão periódica do progresso das atividades de peacebuilding; garantir que ocorra a manutenção de financiamento e de atenção política no período pós-conflito; prevenção da recorrência do conflito por meio da recuperação das estruturas internas do Estado; desenvolver melhores práticas de peacebuilding; promover melhoras na coordenação entre os fundos, programas e agências da ONU atuantes em peacebuilding (ANNAN, 2005b).

Em relação à estrutura interna da ONU, foi adicionada a ideia de sequência de reporte, determinando que a PBC deverá responder ao CSNU primeiro e depois ao ECOSOC. A ideia de Kofi Annan para a PBC é que essa seja utilizada como um "estágio de transição" após a retirada das operações de paz e a saída do país da agenda CSNU, mantendo a atenção da comunidade internacional para a continuidade das atividades de peacebuilding pós-conflito. Nesse sentido, é proposto que a Comissão seja incluída nas negociações ou durante os estágios iniciais das missões políticas estabelecidas pelo Conselho de Segurança. Além disso, é enfatizado que a PBC deveria ser por natureza um *órgão consultivo* dentro do sistema ONU, oferecendo suporte para o CSNU e ECOSOC nas questões de peacebuilding e, portanto, sem poder decisório (ANNAN, 2005a, 2005b).

Além da PBC, o *addendum* também recomenda o estabelecimento de outros dois órgãos voltados para peacebuilding: o *Peacebuilding Support Office* (PBSO) para ser o braço de peacebuilding dentro do Secretariado, com a função de reunir informações e produzir análises para a PBC; e o *Standing Fund for Peacebuilding* para reunir contribuições destinadas a peacebuilding. Por fim, é introduzida a ideia de que a PBC deverá ser submetida a uma revisão periódica externa e independente para avaliação de seu desempenho (ANNAN, 2005b).

Apesar do detalhamento em relação a estrutura e funções da PBC, o *addendum* não é muito preciso sobre a escolha de membros para integrar a Comissão. Há uma sugestão de que a Comissão seja pequena, entre 15 e 20 membros, entre os quais deve haver membros do CSNU e do ECOSOC, doadores majoritários do *standing fund* e alguns dos principais contribuidores de tropas para as Nações. Entretanto, isso deverá ser decidido pela Assembleia Geral (ANNAN, 2005b).

Após a apresentação do *In Larger Freedom,* a recepção dos Estados--membros foi positiva em geral, mesmo havendo algumas ressalvas. A China, em carta endereçada ao secretário-geral, reforçou que o mecanismo de aviso prévio não deveria ser incluído e que a PBC deveria ser subsidiária ao CSNU (NAÇÕES UNIDAS, 2005a). Por outro lado, em nota verbal, a Malásia, como representante do Movimento dos Não Alinhados, reforçou que a AGNU deveria ser a responsável por estabelecer a PBC e definir suas funções (NAÇÕES UNIDAS, 2005b).

Em setembro de 2005, ocorreu o *World Summit*, marcando os 60 anos das Nações Unidas. A resolução produzida aprovou a criação de dois novos órgãos intergovernamentais consultivos: o Conselho de Direitos Humanos[14]

---

[14] O Conselho de Direitos Humanos das Nações Unidas substituiu a Comissão das Nações Unidas para os Direitos Humanos, também como parte do pacote de reformas proposto pelo SGNU Kofi Annan (NAÇÕES UNIDAS, 2005c).

e a Peacebuilding Commission, marcando a conclusão de mais um ciclo de reforma da ONU (LUCK, 2004). Além disso, eles também representaram a institucionalização de dois princípios que lideraram a agenda de paz e segurança da ONU, desde o seu reposicionamento nos anos 1990, sendo a primeira criação de órgãos intergovernamentais em muito tempo no histórico de reforma da organização (MURTHY, 2007).

As funções da PBC foram determinadas no parágrafo 98 da resolução e são em sua maioria similares àquelas definidas no *In Larger Freedom*. Entretanto, duas mudanças foram realizadas. A primeira foi a eliminação de qualquer menção ao termo "prevenção", estando este associado ou não a mecanismos de aviso prévio. Também é citado auxílio em situações pós--conflito especificamente ao CSNU. Nesse documento, o auxílio prestado pela PBC é referido de maneira mais ampla a todos os atores relevantes para as atividades de peacebuilding.

> 98. The main purpose of the Peacebuilding Commission is to bring together all relevant actors to marshal resources and to advise on and propose integrated strategies for post-conflict peacebuilding and recovery. The Commission should focus attention on the reconstruction and institution-building efforts necessary for recovery form conflict and support the development of integrated strategies in order to lay the foundations for sustainable development. In addition, it should provide recommendations and information to improve the coordination of all relevant actors within and outside the United Nations, develop best practices, help to ensure predictable financing for early recovery activities and extend the period of attention by the international community to post-conflict recovery (NAÇÕES UNIDAS, 2005c, p. 24).

Assim, a versão final da PBC foi estabelecida com base na visão de peacebuilding *pós-conflito* focada na reconstrução dos Estados. Além disso, alguns detalhes operacionais foram adicionados como a submissão de relatórios anuais à AGNU e a atuação com base no consenso. A Comissão também deveria operar com duas configurações: a primeira seria o *Organizational Committe* responsável pelas questões procedurais e orçamentário da PBC e seria composta por membros do CSNU e ECOSOC e maiores contribuintes de tropas e financeiros; a segunda configuração seria específica para cada país da agenda da PBC e deveria ser formada pelo país sob consideração, países da região do Estado afetado, assim como organizações regionais e sub-regionais, maiores contribuintes de tropas e orçamentário, o representante sênior das Nações Unidas em campo e IFIs (NAÇÕES UNIDAS, 2005c).

A resolução aprovou também a criação do PBSO e do *Peacebuilding Fund* (PBF), em substituição ao *Standing Fund for Peacebuilding*. Por fim, foi determinado que Comissão deveria ser estabelecida para iniciar os trabalhos até 31 de dezembro de 2005. Dessa forma, apesar de avançar em algumas questões como a escolha dos membros da Comissão, havia ainda algumas lacunas nessa nova estrutura de peacebuilding como o número de membros total da PBC e seu processo de eleição. Somado a isso, a resolução não é específica no que tange a quais órgãos a PBC deveria responder dentro da hierarquia do sistema ONU, falando apenas que a Comissão deve submeter relatórios anuais à AGNU (NAÇÕES UNIDAS, 2005c). Esses ajustes seriam resolvidos apenas em 20 de dezembro, quando a AGNU aprovou o documento de estabelecimento da PBC.

A resolução A/RES/60/180-S/RES/1645 marcou, então, o estabelecimento de fato da PBC em dezembro de 2005, adicionando alguns pontos que não tinham sido definidos na resolução do *World Summit*. Já em seu primeiro parágrafo é determinado que a Comissão será estabelecida como um órgão intergovernamental de aconselhamento de acordo com os artigos 7^{15}, 22^{16} e 29 da Carta das Nações Unidas, isto é, a PBC será subsidiária à AGNU e ao CSNU, simultaneamente. Além disso, foram mantidos os principais propósitos da PBC de peacebuilding *pós-conflito* e recuperação, reconstrução e *institution-building* e promoção de maior coordenação dos atores relevantes para peacebuilding (NAÇÕES UNIDAS, 2005d).

Não houve mudanças em relação aos membros que deveriam integrar os comitês de trabalho específicos para cada país da agenda PBC. Entretanto, finalmente, foi determinada a formação dos membros da *Organizational Committee* da PBC. Segundo a resolução, a PBC seria composta por 31 membros no total, sendo esses: 7 membros do Conselho de Segurança, incluindo os cinco membros permanentes como determinado na resolução S/RES/1646 (CONSELHO DE SEGURANÇA, 2005); 7 membros do ECOSOC eleitos de acordo com as divisões regionais a serem determinadas pelo órgão; 7 membros da AGNU para maior representatividade dentro

---

[15] Artigo 7.2: "Serão estabelecidos, de acordo com a presente Carta, os órgãos subsidiários considerados de necessidade" (NAÇÕES UNIDAS, 1945, s/p).

[16] Artigo 22: "A Assembleia geral poderá estabelecer os órgãos subsidiários que julgar necessários ao desempenho de suas funções" (NAÇÕES UNIDAS, 1945, s/p).

da PBC; 5 maiores contribuintes financeiros da ONU; 5 maiores contribuidores de tropas e civis da ONU. Os Estados-membros da PBC poderão ser selecionados apenas em uma das categorias e servirão um mandato de dois anos (NAÇÕES UNIDAS, 2005d).

Apesar de a decisão final de estabelecer a PBC como subsidiária tanto do AGNU quanto do CSNU, a principal atuação da PBC continuaria sendo desenvolvida em conjunto com o CSNU e o ECOSOC, uma vez que a natureza das atividades de peacebuilding são convergentes com a atuação específica desses dois órgãos. Em relação ao CSNU, a PBC deveria trabalhar em conjunto para fornecer aconselhamentos em relação aos países que estão na agenda do CSNU, incluindo operações de paz e missões políticas, quando requisitado. O caso do ECOSOC é similar, a PBC deverá fornecer aconselhamento, quando requisitado, porém nas áreas de desenvolvimento social, político e econômico (NAÇÕES UNIDAS, 2005d).

É possível percebermos, ao longo do recorte histórico retratado neste capítulo, que o conceito de peacebuilding foi ganhando espaço na agenda de paz e segurança da organização desde os anos 1990, pois ele convergia tanto com a reestruturação da organização para a nova conjuntura internacional como apresentava uma nova abordagem para conflitos internacionais mais complexos. A Tabela 2 ilustra como o conceito de peacebuilding foi sendo absorvido dentro da ONU, tendo como resultado disso a criação da Peacebuilding Commission, em 2005.

LETICIA ASTOLFI SANTANA

Tabela 2 – Evolução das propostas da Peacebuilding Commission

Documento	Ano	Referência do documento	Principal marco	Órgão(s) ao(s) qual(is) a PBC será subsidiária	Argumento para a criação da PBC	Funções	Membros (Organizational Committee)
Relatório Brahimi	2000	A/55/305- S/2000/809	Primeira proposta de criação de um órgão dedicado a peacebuilding.	DPA e, em menor escala, ao PNUD.			
High-Level Panel	2004	A/59/565	Denominação do órgão como Peacebuilding Commission e do Peacebuilding Support Office e primeira proposta estruturada de sua atuação.	Não específica, apenas determina que a PBC deverá ser criada pelo CSNU, após consulta com ECOSOC.	Preencher a lacuna institucional existente no sistema ONU, pois não há nenhum órgão especificamente rponsável por lidar com colapso do Estado e relapso do conflito e também para auxiliar na transição do conflito para a paz.	PBC terá como funções principais: (1) Identificar países que estão em risco de colapso do Estado; (2) agir em conjunto com o governo do país para evitar o agravamento dessa situação; (3) auxiliar no processo de transição entre conflito e pós-conflito; (4) manter atenção da comunidade internacional.	PBC deverá ter poucos membros, mas não há especificações sobre a seleção do membros
In Larger Freedom	maio/2005	A/59/2005	Retirada da proposta de utilização de mecanismos de prevenção pela PBC, principalmente relacionado o early warning e monitoramento.	Deve reportar primeiro ao CSNU e depois ao ECOSOC	Preencher a lacuna institucional existente no auxílio às países na transição do estágio de conflito para o estágio de paz.	PBC terá como funções principais: (1) auxiliar na recuperação pós-conflito, principalmente no estabelecimento de instituições; (2) auxiliar na manutenção de financiamento para recuperação nos primeiros estágios pós-conflito; (3) melhorar coordenação dos orgãos da ONU atuantes em atividades pós-conflito (4) agir como um fórum para discussão de atividades pós-conflitos tanto de orgãos da ONU como também, organizações regionais e IFIs; (5) revisão periódica de objetivos de médio-prazo; (6) Extensão do período de atenção política durante o pós-conflito.	Não específica a quantidade mas determina que deverá ser composta por membros do CSNU, membros do ECOSOC, maiores contribuidores de tropas e maiores contribuidores de um fundo para peacebuilding
In Larger Freedom Addendum 2	maio/2005	A/59/2005/Add.2	Proposta mais detalhada do funcionamento da PBC dentro do sistema ONU apresentada até aqui. Formaliza a estrutura da PBA: formada pela PBC, PBSO e o standing fund for peacebuilding.	Órgão intergovernamental consultivo que deve reportar primeiro ao CSNU e depois ao ECOSOC	Preencher a lacuna institucional existente no sistema ONU com países na transição do conflito para a manutenção da paz e auxiliar na criação de estratégias compreensivas de peacebuilding tanto em termos gerenais quanto específicas para cada país.	PBC terá como funções principais: (1) Auxiliar o CSNU em situações pós-conflito; (2) Assegurar financiamento para atividades de recuperação; (3) Revisão periódica das atividades de peacebuilding; (4) Garantir manutenção do financiamento e atenção política no pós-conflito; (5) Recuperação das estruturas internas do Estado; (6) Melhores práticas para peacebuilding; (7) Melhorar coordenação de peacebuilding no sistema ONU.	Sugestão de ter entre 15 e 20 membros dentre os quais devem ser incluídos: membros do CSNU, membros do ECOSOC, maiores contribuidores de tropas e maiores contribuidores de um fundo para peacebuilding.
World Summit	setembro/2005	A/RES/60/1	Aprovação da criação do novo órgão intergovernamental, a Peacebuilding Commission, assim como o PBSO e o PBF, na AGNU.			PBC terá como funções principais: (1) Reunir todos os atores relevantes para levantar recursos; (2) Propor estratégias integradas para peacebuilding pós-conflito, incluindo reconstrução e institution-building; (3) Melhorar a coordenação entre os atores envolvidos em peacebuilding dentro e fora das Nações Unidas; (4) Desenvolver melhores práticas; (5) Garantir financiamento e atenção política da comunidade internacional a longo-prazo no período pós-conflito.	Membros do CSNU, incluindo os membros permanentes; membros o ECOSOC eleitos de acordo com os grupos regionais; maiores de tropas e maiores contribuintes financeiros da ONU.
PBC	dezembro/ 2005	A/RES/60/180	Estabelecimento da PBC, determinação dos membros do Organizational Committee e decisão de que a PBC será subsidiária simultaneamente à AGNU e ao CSNU.	Órgão intergovernamental consultivo e subsidiário à AGNU e ao CSNU, simultaneamente.		PBC terá como funções principais: (1) Reunir todos os atores relevantes para levantar recursos; (2) Propor estratégias integradas para peacebuilding pós-conflito, incluindo reconstrução e institution-building; (3) Melhorar a coordenação entre os atores envolvidos em peacebuilding dentro e fora das Nações Unidas; (5) Garantir financiamento e atenção política da comunidade internacional a longo-prazo no período pós-conflito.	31 membros no total com mandatos de 2 anos: 7 membros do CSNU, incluindo os cinco membros permanentes; 7 membros do ECOSOC, 7 membros da AGNU, 5 maiores contribuintes financeiros e 5 maiores contribuidores de tropas e civis para a ONU.

Fonte: a autora

2

OS PRIMEIROS QUINZE ANOS DE FUNCIONAMENTO DA PEACEBUILDING COMMISSION

2.1 O ESTABELECIMENTO DA PEACEBUILDING COMMISSION (2005-2010)

A Peacebuilding Commission foi estabelecida em dezembro 2005 por meio das resoluções A/60/180-S/RES/1645. Entretanto, sua primeira reunião formal ocorreu apenas no ano seguinte, em junho de 2006. A primeira sessão[17] da Comissão compreendeu uma agenda majoritariamente formada pelo estabelecimento das regras procedimentais, métodos de trabalho e discussões sobre como proceder com a estrutura operacional do novo órgão.

De maneira a facilitar o processo de trabalho da PBC, foram estabelecidas três subestruturas dentro da Comissão, conforme ilustrado na Figura 1, a seguir: *Organizacional Committee (OC), Country-Specific Configurations (CSC), Working Group on Leassons Learned (WGLL). O Organizacional Committee* é o fórum intergovernamental da PBC, no qual estão presentes todos os 31 membros eleitos para mandatos de 2 anos (NAÇÕES UNIDAS, 2005d). A estrutura de votação do Comitê ocorre por meio do consenso, o que resulta, na prática, em cada um dos membros possuir um "poder de veto". Além disso, é responsabilidade do Comitê a definição das regras procedimentais, dos planos de trabalho da PBC e preparação dos relatórios anuais para a AGNU e CSNU (JENKINS, 2013; NAÇÕES UNIDAS, 2005c, 2005d).

As *Country-Specific Configurations* foram colocadas durante o período de formulação da proposta da PBC como o maior diferencial de sua atuação. As CSCs permitem que os trabalhos da Comissão sejam concentrados em

---

[17] A PBC opera por meio de sessões anuais que são utilizadas como base para referência dos relatórios de revisão anual da Comissão para o CSNU e AGNU. 1ª sessão: junho 2006 – julho 2007; 2ª sessão: junho 2007 – junho 2008; 3ª sessão: junho 2008 – junho 2009; 4ª sessão: julho 2009 – dezembro 2010; 5ª sessão; janeiro 2011 – dezembro 2011; 6ª sessão: janeiro 2012 – dezembro 2012; 7ª sessão: janeiro 2013 – dezembro 2013; 8ª sessão: janeiro 2014 – dezembro 2014; 9ª sessão: janeiro 2015 – dezembro 2015; 10ª sessão: janeiro 2016 – dezembro 2016; 11ª sessão: janeiro 2017 – dezembro 2017; 12ª sessão: janeiro 2018 – dezembro 2018; 13ª sessão: janeiro 2019 – dezembro 2019; 14ª sessão: janeiro 2020 – dezembro 2020.

cada país, sendo assim, a cada país adicionado à agenda da PBC, é criada uma CSC. Os países podem integrar as CSCs por meio de requerimentos realizados pelo CSNU, AGNU, ECOSOC, Estados-membros e pelo SGNU. Entretanto, no caso de requerimentos realizados pelo AGNU, ECOSOC e Estados-membros, deve-se atender aos critérios de indicar um país "in exceptional circumstances on the verge of lapsing or relapsing into conflict and with which the Security Council is not seized" (NAÇÕES UNIDAS, 2005d, p. 4). É permitida a participação de todos os 31 membros da PBC nas CSCs, o país em questão e outras Organizações Regionais e Internacionais convidadas.

Por fim, o *Working Group on Leassons Learned (WGLL)* foi estabelecido com o objetivo de discutir melhores práticas de peacebuilding já implementadas, de maneira a torná-las mais eficazes em atividades futuras. As reuniões são periódicas e organizadas por áreas temáticas[18] das práticas de peacebuilding, contando também com a participação dos membros da Comissão e especialistas nos temas discutidos (JENKINS, 2013; NAÇÕES UNIDAS, 2007).

Figura 1 – Estrutura da Peacebuilding Architecture das Nações Unidas

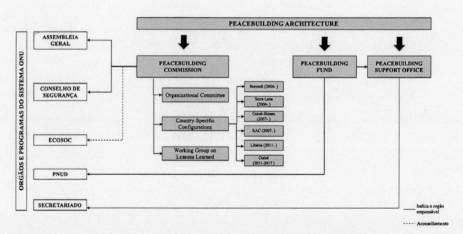

Fonte: a autora, com base em Cavalcante (2019) e Nações Unidas (2005d)

As primeiras atividades desenvolvidas pela PBC durante a primeira sessão ocorreram no âmbito do *Organizational Committee*. Dessa forma, o primeiro ano de trabalho foi concentrado na formulação e aprovação das

---

[18] Alguns exemplos de áreas temáticas que são discutidas no WGLL podemos citar o papel das mulheres na reconstrução pós-conflito, a importância de órgãos regionais para peacebuilding, meio ambiente e peacebuilding, governança local em contextos pós-conflito, entre outros.

regras procedimentais para a condução das sessões da PBC e na votação do presidente e vice-presidente da sessão[19] (PEACEBUILDING COMMISSION, 2006a), no convite a outras organizações internacionais e regionais[20] para participarem de algumas reuniões da PBC, no estabelecimento do *WGLL* e de algumas diretrizes iniciais para formulação dos *Integrated Peacebuilding Strategies* (IPBS) ou *frameworks* que servirão como um guia para o trabalho da PBC nas CSCs (NAÇÕES UNIDAS, 2007). Os IPBS ou *frameworks* são os documentos desenvolvidos pela Comissão em parceria com grupos de interesse[21] dos países participantes que têm como objetivo a identificação das principais áreas de peacebuilding que devem ser desenvolvidas, para que haja manutenção da paz nesses locais. Assim, esses documentos serão a base para o desenvolvimento das atividades da Comissão no acompanhamento individual de países na agenda da PBC.

No primeiro ano da PBC, apenas dois países integraram a agenda da PBC: Burundi e Serra Leoa. Ambos referidos pelo CSNU à Comissão (PEACEBUILDING COMMISSION, 2006b) como teste para observar a maneira que o novo órgão iria desenvolver seus trabalhos e o seu papel de *advisory body* para o Conselho. Apesar da compreensão dentro das Nações Unidas de que as atividades de peacebuilding deveriam ser desenvolvidas desde os estágios iniciais de intervenção internacional nos conflitos, os dois países indicados à PBC estavam em estágios pós-conflito, nos quais a violência não era eminente. Entretanto, era necessária a implementação de instrumentos para promover a manutenção da paz e impedir a recorrência do conflito.

No caso de Serra Leoa, a operação de paz da ONU no país, a United Nations Mission in Sierra Leone (UNAMSIL), teve seu mandato concluído no final de 2005 (CONSELHO DE SEGURANÇA, 2005a). Consecutivamente, foi substituída por um escritório local das Nações Unidas, o United Nations Integrated Office in Sierra Leone (UNIOSIL), segundo recomendação do CSNU, para acompanhar a situação em campo após a retirada das tropas (CONSELHO DE SEGURANÇA, 2005b).

---

[19] O presidente e vice-presidentes da sessão devem ser selecionados de acordo com as especificações: "The Chair shall be selected from the Group of African States, followed by the Group of Asia-Pacific States, the Group of Eastern European States, the Group of Latin American and Caribbean States and the Group of Western European and other States. The two Vice-Chairs shall be selected from two regional groups other than that of the Chair" (PEACEBUILDING COMMISSION, 2006a, s/p).

[20] Nessa primeira sessão, são convidados o Fundo Monetário Internacional, Banco Mundial, Comunidade Europeia e a Organização para Cooperação Islâmica.

[21] Nos documentos da PBC, frequentemente é utilizado o termo *stakeholders*, mas neste trabalho utilizaremos apenas grupos de interesse.

Em relação ao Burundi, havia uma operação de paz em curso quando o país foi referido pelo CSNU à PBC. A United Nations Mission in Burundi (ONUB) tinha obtido um mandato em 2004, com o objetivo de garantir o cumprimento do Acordo de Arusha para Paz e Reconciliação para o Burundi[22] (CONSELHO DE SEGURANÇA, 2004). Posteriormente, com maior estabilização da violência do país, especificamente após a assinatura do *Comprehensive Ceasefire Agreement*[23], em setembro de 2006, o CSNU recomendou uma transição gradual com a retirada da ONUB para o estabelecimento do *United Nations Integrated Office in Burundi* (BINUB) (CONSELHO DE SEGURANÇA, 2006a).

Esses eram os contextos em que se encontravam os dois primeiros países da PBC em relação ao processo de paz. Apesar do Burundi ainda estar com a ONUB em campo no momento de sua integração à PBC, ambos os países estavam em um estágio considerado crítico para o processo de manutenção de paz. Isto é, vivenciavam o processo de transição da retirada das tropas da ONU e a reorganização interna de seus atores e instituições após períodos de violência. Assim, em 2006, no primeiro ano de trabalho da PBC, a principal atividade dos membros da Comissão foi a realização de consultas constantes com os atores locais desses países em CSCs, de maneira a identificar as áreas mais críticas para *peacebuilding* e conjuntamente elaborar um *framework* detalhando as atividades a serem desenvolvidas.

Ao final do primeiro ano, foi mantida uma visão majoritariamente positiva sobre a atuação da PBC, compartilhada tanto pelos membros do CSNU quanto da AGNU, em suas respectivas reuniões sobre a revisão anual. Havia pontos que deveriam ser melhorados como o estabelecimento de mecanismos de monitoramento para checar a implementação dos IPBS, tornar mais eficientes os métodos de trabalho da Comissão e aproximar a interação da PBC e outros órgãos da PBA e do sistema ONU como um todo. Entretanto, era de compreensão geral dos membros da organização que a Comissão ainda estava em processo de estabelecimento e buscava organizar seus métodos de trabalho nessa primeira sessão (CONSELHO DE SEGURANÇA, 2007a; ASSEMBLEIA GERAL, 2007; NAÇÕES UNIDAS, 2007a).

O segundo ano de operação da PBC foi marcado, principalmente, por colocar em prática os métodos de trabalho estabelecidos durante a 1ª

---

[22] O *Arusha Peace and Reconciliation Agreement for Burundi* foi assinado em 2000 entre os atores beligerantes envolvidos no conflito no Burundi. Para mais informações, ver: Nações Unidas, 2000.

[23] O *Comprehensive Ceasefire Agreement Between the Government of the Republic of Burundi and the Palipehutu-FNL* foi um acordo de cessar-fogo entre o governo do Burundi e o grupo Palipehutu-NFL, dando início ao processo de DDR deste último. Para mais informações, ver: Nações Unidas, 2006.

sessão. Houve encontros mensais do OC, majoritariamente em sua configuração informal, sendo os encontros formais[24] "convocados apenas quando necessário" (NAÇÕES UNIDAS, 2008a, p. 2), na tentativa de dinamizar os métodos de trabalho dentro da Comissão. As interações com AGNU e CSNU foram limitadas às trocas de cartas entre os presidentes de cada órgão e a participação da PBC em reuniões de ambos órgãos foi, em grande parte, destinada à discussão da atuação da Comissão, e não como órgão consultivo das atividades de peacebuilding, com exceção de duas reuniões do CSNU.[25] Por fim, o Comitê iniciou a tentativa de estabelecer diálogos para o trabalho em conjunto com outras organizações internacionais que também trabalhavam com iniciativas de reconstrução pós-conflito, como o Banco Mundial e o Fundo Monetário Internacional (FMI) (NAÇÕES UNIDAS, 2008a).

Contudo, o que mais marcou a segunda sessão foi o requerimento para a entrada de mais dois países na agenda da Comissão: Guiné-Bissau e República Centro-Africana. O primeiro foi referido pelo CSNU à PBC (NAÇÕES UNIDAS, 2007b); já a República Centro Africana recorreu diretamente à PBC e sua candidatura foi encaminhada ao CSNU para aprovação (NAÇÕES UNIDAS, 2008b). No caso dos países que já integravam a agenda da Comissão, Burundi e Serra Leoa, os trabalhos de acompanhamento da PBC continuaram.

No CSC para o Burundi, foi formalizado em julho de 2007 o *Strategic Framework* para o país, a partir das rodadas de consulta com diversos stakeholders envolvidos no processo de paz do país (PEACEBUILDING COMMISSION, 2007a). Complementarmente, a Comissão, juntamente com o governo do Burundi, desenvolveu mecanismos de monitoramento da implementação das iniciativas de peacebuilding segundo as áreas prioritárias determinadas no *Framework* do país (PEACEBUILDING COMMISSION, 2007b) — visto que a primeira revisão anual apontou certa preocupação em relação à implementação das atividades de peacebuilding nos países da Comissão. No caso de Serra Leoa, a Comissão acompanhou as eleições

---

[24] Não há presente nos documentos disponibilizados pela ONU uma determinação clara de quais tópicos da PBC devem ser tratados em reuniões formais ou informais. Nos anexos dos documentos de revisão anual e periódicas, são especificados o conteúdo de cada reunião do *Organizational Committee* referente àquele período. É possível perceber, entretanto, que matérias que requerem votação (Ex. eleição do presidente da PBC), adoção formal dos reportes anuais e periódicos da PBC e aprovação do CSNU da referência de países à PBC ocorrem durante encontros formais. Já encontros informais são utilizados para discutir possíveis tópicos da agenda da PBC, consulta sobre os países que pediram para entrar na PBC e discussões conjuntas com outras organizações internacionais e órgãos da ONU.

[25] CSNU convidou o presidente da PBC a participar de duas reuniões sobre diretivas de peacebuilding: a primeira em dezembro de 2007, referente à formulação de diretivas de prevenção de conflitos na África, e a segunda para a discussão de reformas do setor de segurança e peacebuilding pós-conflito (NAÇÕES UNIDAS, 2008a).

parlamentares e presidenciais que ocorreram no segundo semestre de 2007, a pedido do CSNU. O novo governo, juntamente com a Comissão, aprovou o *Strategic Framework* para Serra Leoa, em dezembro de 2007 (PEACEBUILDING COMMISSION, 2007c).

Entre os pontos destacados na revisão da segunda sessão, a PBC é apresentada como um ator fundamental para agir como um "centro catalizador" para atração de recursos financeiros de outros atores, para além da ONU e para a coordenação das atividades de peacebuilding nos países de sua agenda (NAÇÕES UNIDAS 2008a). Somado a isso, é também expresso certo contentamento com os trabalhos desenvolvidos pela Comissão e a compreensão de que ela tem desempenhado bem as funções que lhe são atribuídas e que há espaço para expansão de suas funções dentro do sistema ONU (ASSEMBLEIA GERAL, 2008b; CONSELHO DE SEGURANÇA, 2008a; NAÇÕES UNIDAS, 2008a).

Nesse período, entre o final da segunda sessão e início da terceira sessão, a principal contenção que ocorria em torno da PBC era sobre a eleição dos membros para o próximo mandato. Especificamente, havia discordâncias sobre a distribuição regional das cadeiras do ECOSOC e da AGNU (NAÇÕES UNIDAS, 2008a, 2009a). No caso da AGNU, eles deveriam eleger dois novos membros, de acordo com a distribuição regional de cadeiras definida na A/RES/60/261: um representante do Leste Europeu e um representante da América Latina e Caribe. É possível notar que o fator principal para o atraso da eleição dos novos membros decorria de uma insatisfação de alguns países com a divisão regional da distribuição de cadeiras. Em discurso para a AGNU, o representante de Bahamas, falando em nome do grupo de países da América Latina e Caribe, afirma que

> After many months of continued discussions, it remains clear to us that the Commission is a body created by the United Nations that does not respond adequately to the principle of equitable geographical distribution. As currently constituted, the Commission stands as an organ primarily for troop and financial donors, and that is not a trend that the Group of Latin American and Caribbean States is willing to advance. We are of the conviction that it would be in the best interests of the entire Organization to continue to review the composition of the Peacebuilding Commission with a view to redressing imbalances on a sustainable basis, thus reflecting the reality that the experience and contributions of all regions are valuable to the work of the Commission. (ASSEMBLEIA GERAL, 2008a, s/p).

A PEACEBUILDING COMMISSION DAS NAÇÕES UNIDAS:
UM BALANÇO DOS PRIMEIROS QUINZE ANOS (2005 – 2020)

Apesar da expressa insatisfação, ao final de 2009, a configuração regional dos assentos da AGNU para a PBC foi mantida e dois novos representantes foram eleitos nos termos estabelecidos em 2006.[26] No caso dos assentos do ECOSOC,[27] também ocorreu atraso no processo de eleição e os novos sete membros[28] da PBC somente foram aprovados em dezembro de 2008 (ECOSOC, 2008c). Além disso, no âmbito do *Organizational Committee,* a PBC também trabalhou durante a terceira sessão em cooperação com o PBSO na produção do relatório do secretário-geral sobre peacebuilding pós-conflito (A/63/881-S/2009/304) e novamente como um órgão catalizador de investimentos, buscando ampliar as conexões com FMI e Banco Mundial, com o PNUD e na atração de investimentos privados para os países de sua agenda. Entretanto, crescia a percepção de que, apesar dos esforços no estabelecimento de conexões, havia dificuldade de traduzi-las para investimentos de fato nos países de sua agenda (NAÇÕES UNIDAS, 2009a).

No que tange às CSCs, não houve adições ou pedidos de entrada na PBC de nenhum país durante a terceira sessão, então, a Comissão deu continuidade às atividades que estava desempenhando nos países de sua agenda. Para o Burundi e Serra Leoa, foram realizadas a revisão de seus *frameworks* e ambos os países apresentavam alguns progressos no processo de peacebuilding. Em contrapartida, a Guiné-Bissau passou por uma nova onda de violência após a realização das eleições parlamentar e presidencial no segundo semestre de 2008, a qual resultou no assassinato do presidente recém-eleito e alguns de seus ministros. Ainda assim, em meio a essa situação interna, o *framework* para o país foi finalizado e formalmente adotado pela PBC em outubro de 2008 (PEACEBUILDING COMMISSION, 2008).

---

[26] Para maiores detalhes sobre a evolução das discussões sobre a eleição dos assentos da AGNU para a PBC, ver os seguintes *meeting records*: A/62/PV.109 – Discurso do representante de Bahamas sobre eleição; A/62/PV.111 – Extensão do período de permanência dos membros da PBC até que um consenso seja alcançado para eleição de novos membros; A/63/PV.70 – Mandato dos membros da PBC eleitos pela AGNU passa a correr a partir de janeiro, ao invés de julho; A/64/PV.67 – Votação final dos dois novos membros da AGNU para a PBC.

[27] Assim como feito com a AGNU, é possível acompanhar a evolução das discussões dos assentos do ECOSOC na PBC, por meio dos *meeting records* do órgão. Entretanto, no caso do ECOSOC, não há muitos detalhes sobre as discussões entre os membros, somente apresentando o discurso do presidente da sessão sobre a matéria. Para mais detalhes, deve-se consultar os seguintes documentos: E/2088/SR.11 – Extensão do mandato dos países do ECOSOC na PBC até que seja realizada nova eleição; E/2008/SR.29 – Em vista da extensão da eleição dos membros da AGNU na PBC para dezembro de 2008, ECOSOC decide fazer o mesmo; E/2008/SR.48 – Eleição dos membros do ECOSOC para a PBC.

[28] Os sete novos membros eleitos, de acordo com a distribuição regional de assentos, foram: Argélia, Guiné-Bissau e Marrocos (África); República da Coreia (Ásia); Polônia (Leste Europeu); El Salvador (América Latina e Caribe); e Luxemburgo (Europa Ocidental) (ECOSOC, 2008c).

Por fim, a República Centro Africana (RCA) também teve o início de suas atividades na agenda da PBC durante a terceira sessão. Assim, como no caso de Serra Leoa e Burundi, a RCA já tinha um escritório local de apoio às atividades de peacebuilding — United Nations Support Office in the Central African Republic (BONUCA) —, o que facilitaria o desenvolvimento dos projetos da Comissão no país. Não obstante, a representação local das Nações Unidas que facilitou a identificação e o diálogo com atores locais, somada a uma certa experiência de trabalho já adquirida pela Comissão, resultou na formulação e aprovação do *framework* para a RCA em menos de um ano da entrada do país na PBC (NAÇÕES UNIDAS, 2009)

Ao contrário dos países que já integravam a Comissão que haviam sido encaminhados pelo CSNU à PBC, o governo da RCA encaminhou uma carta[29] ao presidente da Comissão pedindo a entrada do país na agenda da PBC. A Comissão, por sua vez, direcionou o pedido ao CSNU, que foi aprovado em maio de 2008 (NAÇÕES UNIDAS, 2008b). Somado a isso, é necessário apontar também que, no caso do Burundi e Serra Leoa, quando ambos os países foram referidos à Comissão, estavam com Operações de Paz em seus estágios finais, já com a previsão de retirada das tropas. Porém, no caso da RCA, havia uma operação de paz em curso, durante a sua entrada na PBC em 2008, a United Nations Mission in Central African Republic and Chad (MINUCART) e que somente teria seu mandato encerrado em 2010,[30] marcando o primeiro caso em que a PBC iria realizar atividades de peacebuilding simultaneamente às atividades de peacekeeping já em curso pelo CSNU.

A terceira sessão da PBC demonstra que a Comissão já estava desenvolvendo algum ritmo de trabalho para os países em sua agenda, assim como conseguindo manter reuniões periódicas do *WGLL*. Apesar dos avanços, ainda havia reconhecidamente uma falta de compreensão não somente dentro do sistema ONU, mas também por parte da comunidade internacional sobre qual era o papel desempenhado pela PBC de fato (NAÇÕES UNIDAS, 2009a). É a partir desse contexto que iniciou o processo consultivo para a elaboração da primeira revisão periódica da PBC.

---

[29] A Carta do ministro das Relações Exteriores ao presidente da PBC que pediu a entrada a República Centro Africana não é disponibilizada nos sites e nem na biblioteca digital das Nações Unidas. Porém é mencionada tanto na revisão anual de 2008 (A/64/341-S/2009/444) e na Carta do presidente do CSNU à PBC, aprovando a entrada da RCA na Comissão (A/62/864-S/2008/383) (NAÇÕES UNIDAS, 2008b, 2009).

[30] A MINUCART foi estabelecida pelo CSNU em 2007 por meio da resolução S/RES/1778, tendo a autorização para o envio de tropas de acordo com o Capítulo VII da Carta da ONU em 2008, S/RES/1834, e seu mandato foi finalizado em 2010 por meio da resolução S/RES/1923. Para mais informações, ver: Conselho de Segurança (2007, 2008) e ONU (2010).

2.1.2 Expectativas frustradas sobre a PBC: a revisão periódica de 2010

Os trabalhos dentro da ONU para a revisão da Peacebuilding Architecture, de 2010, iniciaram um ano antes, com algumas discussões sobre peacebuilding que ocorreram no âmbito do CSNU[31]. Ainda em julho de 2009, durante um discurso do presidente do Conselho, foi recomendado o início dos preparativos para a revisão de 2010, assim como foi encomendado um relatório mais completo sobre peacebuilding a ser elaborado pelo SGNU (CONSELHO DE SEGURANÇA, 2009). Ao final daquele ano, os representantes do México, Irlanda e África do Sul foram eleitos como os cofacilitadores do processo de revisão e deveriam dar início ao processo de elaboração do relatório, no começo de 2010.

Em 2010, iniciou-se o processo de consultas informais dentro das Nações Unidas, liderado pelos cofacilitadores eleitos, ocorrendo em fevereiro, maio e julho. Além disso, entre março e maio, ocorreram alguns eventos[32] para reunir pontos de vista de diversos atores sobre peacebuilding e a PBC a serem utilizados pelos cofacilitadores na formulação da revisão (NAÇÕES UNIDAS, 2010a). Durante as consultas informais, o então SGNU Ban Ki-Moon sugeriu que a revisão tivesse um caráter mais abrangente, abordando tanto as contribuições e desafios enfrentados pela PBC nos seus primeiros anos como o relacionamento da Comissão dentro do sistema ONU (NAÇÕES UNIDAS, 2010b). De maneira similar, o então presidente da PBC, o embaixador Dr. Peter Wittig, da Alemanha, também expressou sua visão sobre a abordagem da revisão periódica de 2010. Entretanto, seus questionamentos foram concentrados em maneiras de melhorar a operacionalidade da PBC e de suas atividades, de maneira com que essa "reaches its full potential" (PEACEBUILDING COMMISSION, 2010, p. 2), conforme idealizado em 2005. Entre as sugestões para a revi-

---

[31] Entre as agendas de post-conflict peacebuilding desenvolvidas no CSNU, destacaram-se um *concept paper* circulado pelo governo do Reino Unido dentro do Conselho intitulado "Post-conflict stabilization: Peace after war" (S/2008/291) e um relatório produzido pelo SGNU intitulado "Report fo the Seretary-General on Peacebuilding in the Immediate Aftermath of Conflict" (A/63/881-S/2009/304) e que depois foi encomendada uma versão mais completa a ser apresentada em 2010. Para mais informações, ver: Conselho de Segurança (2008c) e Nações Unidas (2009b).

[32] No total, ocorreram quatro eventos: o primeiro realizado pelo International Peace Institute que tinha como objetivo reunir as perspectivas da sociedade civil sobre a PBC; o segundo realizado em Genebra com organizações ligadas à peacebuilding sobre o processo de revisão da PBC; o terceiro sobre a atuação da PBC na África; e, por fim, um evento realizado pela Stanley Foundation sobre a revitalização de peacebuilding. Para mais detalhes sobre os eventos, ver: United Nations (2010a).

são, foram incluídas maneiras para facilitar o encaminhamento de países à PBC e maior inclusão de *national ownership* no processo de peacebuilding (PEACEBUILDING COMMISSION, 2010).

O relatório final da revisão de 2010 foi divulgado em julho do mesmo ano. Em sua versão final, a abordagem escolhida para o relatório foi mais específica e concentrada na revisão do papel desempenhado pela PBC em seus primeiros anos de atuação. Os outros órgãos da PBA — o PBSO e o PBF — são referenciados ao longo do documento, porém em menor escala, uma vez que já havia ocorrido a revisão anual do PBF[33] realizada pelo SGNU e o PBSO não foi submetido a uma revisão durante esse primeiro período, por se tratar de um órgão atuante no Secretariado. As menções tanto do PBSO quanto do PBF, ao longo da revisão de 2010, são limitadas à discussão de seus papeis desempenhados juntos à PBC.

Destarte, é necessário apontar que há um enfoque que permeia do início ao fim da revisão de 2010 baseado na comparação entre as expectativas positivas de 2005 (ou "hopes of 2005"), a partir da criação desse novo órgão intergovernamental exclusivamente desenhado para lidar com a agenda de peacebuilding dentro do Sistema ONU e toda a Peacebuilding Architecture criada naquele momento e a comparação com a realidade sobre como a PBC, de fato, desempenhou seu trabalho em face a essas expectativas. Esse enfoque não é exclusivo da revisão de 2010 e pode ser percebido recorrentemente nos discursos das delegações nos *meeting records* tanto do CSNU quanto da AGNU sobre as revisões anuais de 2007, 2008 e 2009 da PBC (ASSEMBLEIA GERAL, 2007, 2008b, 2009b; CONSELHO DE SEGURANÇA, 2007a, 2008a, 2009b). Assim, a partir dessa comparação com as expectativas de 2005 em relação à PBC, o relatório é incisivo, ao declarar que "it must be squarely acknowledge that this threshold of success has not been achieved" (NAÇÕES UNIDAS, 2010c, p. 8).

Qual seria então o parâmetro para considerar que a PBC tivesse sucesso, correspondendo às expectativas de 2005? Segundo os formuladores, seis pontos são destacados:

> One would have assumed a wider demand from countries to come on the Peacebuilding Commission agenda; that there would be a clearer sense of how the engagement of the Commission had made difference on the ground; that peacebuilding would have a higher place among United Nations

---

[33] O SGNU é responsável por formular e divulgar anualmente a revisão dos PBF, demonstrando dados como arrecadação, alocação de recursos e projetos de peacebuilding.

> priorities; that stronger relationships would have been forged between the Commission and the Security Council; that the Peacebuilding Support Office would carry more weight within the Secretariat; and that the Commission would be perceived as a key actor by those outside as well as inside the United Nations system, including by the international financial institutions. (NAÇÕES UNIDAS, 2010c, p. 9).

A partir do parâmetro estabelecido por esses seis pontos, então, é possível realizar a comparação entre a expectativa para os trabalhos da Comissão e a realidade das atividades de fato desempenhadas durante esse período. O primeiro ponto é referente à demanda de países para integrarem a agenda da PBC. Até o momento da elaboração da Revisão 2010, a Comissão contava com quatro países em sua agenda: Serra Leoa, Burundi, Guiné-Bissau e República Centro Africana. Assim, o relatório aponta que o ponto de convergência entre esses países da agenda é que são países em conflito ou recém-saídos de conflitos que antes sofriam de um "déficit de atenção" por parte da comunidade internacional e, agora, com a PBC, passaram a receber mais auxílios. Os países que integraram a agenda passaram ter recursos alocados do PBF[34] para desenvolver as atividades detalhadas nos *Frameworks*, assim como ampliação de investimentos de IFIs[35], possibilitados por meio da utilização da PBC como órgão mediador do diálogo entre IFIs e atores locais. Apesar disso, mesmo com ampliação da entrada de recursos financeiros para atividades de peacebuilding nesses países, ainda é considerada abaixo do necessário para cumprir as agendas estabelecidas (NAÇÕES UNIDAS, 2010c).

É possível notar que a PBC de fato desempenhou um papel importante de mediador de diálogo não somente entre atores internos desses países das CSCs, mas também entre os atores internos e outros atores da comunidade internacional. Não obstante, a Comissão também se empenhou em desenvolver um plano de ação construído e organizado conjuntamente com os grupos de interesse, por meio da elaboração dos *Frameworks*. E, de fato, quando analisamos a complexidade e o longo prazo das atividades de peacebuilding, é possível apontar que alguns avanços foram alcançados nesses países.

---

[34] Segundo a Revisão 2010, o PBF destinou, no período analisado, US\$37 milhões à Serra Leoa, US\$40 milhões ao Burundi, US\$31 milhões à República Centro Africana e US\$6 milhões à Guiné-Bissau (NAÇÕES UNIDAS, 2010c).

[35] O relatório cita alguns exemplos de investimentos que foram possibilitados devido à mediação da PBC: A Comissão conseguiu negociar um impasse de seis anos de investimento do FMI no Burundi dentro do CSC; estabeleceu diálogo com o Banco Mundial em relação à República Centro Africana; e aumento nas assistências do Banco de Desenvolvimento Africano, FMI e Banco Mundial para Guiné-Bissau (NAÇÕES UNIDAS, 2010c).

Porém, mesmo com os benefícios, não houve demanda de países pedindo para integrar a Comissão. Se, por um lado, parte desse problema se deve ao fato de que CSNU, AGNU, ECOSOC e Secretariado não recomendaram mais países à PBC, por outro lado, os governos dos países interessados também podem requerer a análise de sua entrada na Comissão por meio de uma Carta — e esta deve ser aprovada pelo CSNU. Dessa forma, a Revisão 2010 aborda um ponto fundamental questionando o porquê de não haver mais requerimento de entrada na Comissão.

Alguns argumentos são considerados como uma possível explicação para esse fato. Apesar dos benefícios políticos e financeiros do acompanhamento da PBC, a entrada de um país na Comissão pode ser considerada como um "indicador de disfuncionalidade" (NAÇÕES UNIDAS, 2010c, p. 14). Ademais, alguns países consideram a forma de atuação da Comissão muito intrusiva, portanto, um engajamento mais brando da PBC poderia torná-la mais atrativa, assim como o estabelecimento de critérios e/ou marcos para a saída de um país da PBC. Por fim e talvez o ponto mais importante, há a concepção de que os países, ao integrarem a agenda da PBC, irão perder atenção do CSNU e possivelmente as operações de paz em curso serão finalizadas. Assim, dentro da hierarquia do sistema ONU, há a percepção de "downgrading from the Security Council to Peacebuilding Commission" (NAÇÕES UNIDAS, 2010c, p. 30).

O segundo ponto apresentado como parâmetro para o sucesso foi a diferença que o engajamento da PBC teria surtido nas atividades da ONU em campo. Nesse sentido, é possível perceber pequenos avanços nos países da agenda da Comissão durante o período que passaram a integrá-la. Apesar disso, o relatório aponta a falta de coordenação e comunicação entre a Comissão e outros os órgãos da ONU que desempenham atividades de peacebuilding. A Revisão 2010 aponta que falta um nível de coerência em campo que seria necessário para evitar duplicações de atividades. Especificamente, indica a necessidade de a PBC trabalhar mais próxima aos *Special ou Executive Representatives of the Secretary-general*, os quais são os responsáveis pelos escritórios locais de peacebuilding (NAÇÕES UNIDAS, 2010c).

O terceiro ponto é a compreensão de que peacebuilding deveria ter um nível de importância maior dentro da ONU. Esse não é um ponto que descreve particularmente problemas relacionados à PBC, mas, sim, à percepção de peacebuilding dentro do sistema ONU e pelos atores que o integram. Peacebuilding envolve uma extensa rede de atividades que permeia os setores de paz e segurança, Direitos Humanos e desenvolvimento, tornando o conceito por si só complexo. Mesmo com a tentativa de implementar mais elementos de peacebuilding nas estruturas de paz e segurança desde os anos 1990, como detalhado no Capítulo 1, a Revisão 2010 aponta que peacebuilding ainda não é um conceito completamente internalizado na prática com a mesma frequência com que aparece nos discursos. Devido à sua abordagem em várias áreas, peacebuilding requer o envolvimento de uma ampla rede de atores e, somado a isso, é um processo de longo prazo. Portanto, peacebuilding requer muitos esforços e não traz resultados concretos rapidamente ou facilmente mensuráveis que são buscados pelos atores da comunidade internacional (NAÇÕES UNIDAS, 2010c).

Além disso, outro fator problemático em relação à peacebuilding na ONU é a percepção ainda dominante de sequenciamento, na qual as atividades de peacebuilding são posteriores a peacekeeping. Apesar de já haver o reconhecimento em diversas ocasiões dentro das Nações Unidas de que elementos de peacebuilding devem ser incorporados desde o início dos das operações de paz, na prática, os mandatos ainda não refletem essa simultaneidade e adicionam elementos de peacebuilding como medida posterior. Assim, o problema que a visão sequencial traz é predominância de peacekeeping e a diminuição da importância de peacebuilding dentro das operações de paz (NAÇÕES UNIDAS, 2010c).

Em seguida, o quarto ponto determina que a PBC deveria ter construído relações mais próximas com o Conselho de Segurança, com a Assembleia Geral e com o ECOSOC. O relacionamento da Comissão com esses órgãos é um dos pontos principais para compreender alguns dos problemas enfrentados pelo órgão em seus primeiros anos sob a luz dos constrangimentos institucionais, havendo uma extensa parte da Revisão 2010 dedicada a essa análise. Segundo o relatório, há dois lados nesse problema,

> [...] the Peacebuilding Commission needs to be accorded more space within United Nations Structures; and that, unless and until the Commission can more convincingly demonstrate its added value, the Security Council and other United Nations bodies will not see good reason to accord that peace (NAÇÕES UNIDAS, 2010c, p. 26).

Entre os órgãos do sistema ONU citados, a relação entre a PBC e o CSNU é a principal que deve ser analisada, pois o CSNU é o principal órgão que delibera sobre paz e segurança dentro do sistema ONU e é um dos órgãos aos quais a PBC é subsidiária. Além disso, não somente uma das formas que os países chegam à agenda da Comissão é por meio do

CSNU, mas também um dos propósitos para a criação da PBC era servir como *Advisory body* para o Conselho. Portanto, a análise relação entre PBC e CSNU é central para determinar o papel desempenhado pela Comissão dentro das Nações Unidas.

Segundo a Revisão 2010, a relação entre os dois órgãos ainda está longe de ser ideal e o problema parece se desenvolver em duas frentes: "the Security Council perceives that the advice of the Commission does not provide much added value, and the Commission does not provide more focused advice, in part because the Security Council does not make more specific requests" (NAÇÕES UNIDAS, 2010c, p. 37). O diálogo entre CSNU e PBC é, nesse período, realizado majoritariamente por meio de cartas ou notas trocadas entre os presidentes dos órgãos. A recomendação do relatório é que o CSNU deve utilizar, na prática, o potencial da Comissão como *advisory body*, principalmente nos processos de elaboração e/ou renovação dos mandatos das operações de paz. Dessa forma, a PBC poderia contribuir com sugestões de implementação de elementos de peacebuilding desde os estágios iniciais da intervenção. Essa proposta incluiria a PBC como um órgão mais ativo dentro da ONU preenchendo a lacuna institucional para qual foi criada e colocaria em prática a ideia de que peacebuilding e peacekeeping devem ser desenvolvidas simultaneamente e não em sequência. Complementarmente, o relatório sugere que a PBSO deve ser incluída em algumas reuniões do CSNU, assim como já ocorre com o DPKO, DPA e OCHA (NAÇÕES UNIDAS, 2010c).

A relação entre a PBC e AGNU e ECOSOC também seguiu de maneira similar ao que o relatório descreve sobre o CSNU. Todos mantêm um nível de diálogo e cooperação com a Comissão aquém do esperado, mesmo tendo representantes na PBC. Isso se torna ainda mais grave no caso da Assembleia Geral, uma vez que é, juntamente com o CSNU, corresponsável pela PBC. Um relacionamento mais próximo entre os órgãos da ONU poderia tornar o trabalho dentro da organização mais eficiente na frente de paz e segurança, evitando a competição interna por agendas específicas ou até mesmo a sobreposição de agendas (NAÇÕES UNIDAS, 2010c).

O penúltimo ponto previa que o PBSO teria mais peso dentro do Secretariado, caso as expectativas de 2005 tivessem se concretizado. O PBSO foi pensado para desempenhar um papel de coordenação, visto que a complexidade das atividades de peacebuilding faz com que essas sejam desenvolvidas simultaneamente por diversos órgãos, programas e departamentos dentro do sistema ONU. Não obstante ao já difícil papel atribuído ao novo departamento de peacebuilding dentro do Secretariado, o PBSO também sofreu com problemas similares aos que a PBC enfrentou sendo um novo órgão dentro das estruturas de paz e segurança já existentes nas Nações Unidas. O PBSO foi uma nova divisão inserida em uma estrutura já operante, tendo, assim, dificuldades para obter reconhecimento dentro do Secretariado e disputando agendas com departamentos já estabelecidos dentro do Secretariado como o DPA e o DPKO.[36] Portanto, ocorria uma sobreposição entre a agenda do PBSO e do DPA e DPKO, na qual os dois últimos eram priorizados por serem departamentos mais consolidados. Consequentemente, a situação do PBSO durante a Revisão não é percebida como satisfatória e "[...] the co-facilitators did not form the impression that the Office is seen as a significant player across the Secretariat" (NAÇÕES UNIDAS, p. 35, 2010c).

Por fim, o último ponto destaca que a PBC seria percebida dentro e fora da ONU como um ator central. Aqui, são destacados principalmente a relação entre a Comissão e IFIs e outros órgãos regionais para além da ONU. No que tange às IFIs, é perceptível que houve esforços da PBC para fortalecer esses relacionamentos, uma vez que seriam uma importante fonte de investimento para os países de sua agenda, como demonstrado nas revisões anuais predecessoras, mas ainda é necessário maior entrada da Comissão nessas instituições (UNITED NATIONS, 2010c).

No relatório da Revisão 2010, é recorrente a menção ao fato de que a PBC não cumpriu com as principais expectativas dos propósitos de sua criação em 2005. Nos seis pontos mencionados de como seria um parâmetro para o sucesso da Comissão, os elaboradores do relatório apontam diversas áreas deficitárias na atuação da PBC, sendo a razão por trás disso problemas entre os órgãos do sistema ONU. Assim, a ideia de que a Comissão foi criada para preencher uma "lacuna institucional", na qual não havia órgãos ou departamentos dentro da ONU que tratassem especificamente

---

[36] Durante o High Level Panel e as negociações para a criação da PBA, foi sugerida a criação de um novo cargo de *Deputy Secretary-General for Peace and Security* que seria responsável, entre outras coisas, por centralizar a coordenação das atividades do DPA, DPKO e PBSO. Essa ideia não teve tração durante as negociações em 2005, mas é relembrada no parágrafo 154 da Revisão 2010: "It is worth recalling that, in the original concept of the High-level Panel on Threats, Challenges and Change, the Support Office was envisaged as operating in association with a powerful new Deputy Secretary-General for Peace and Security (see A/59/565). The envisaged Deputy Secretary-General, by virtue of rank, would be in a position to ensure that offices such as the Department of Political Affairs and the Department of Peacekeeping Operations would put their considerable weight behind the peacebuilding efforts led by the Support Office. In the event, the Deputy Secretary-General proposal was not pursued for a variety of reasons and the co-facilitators do not suggest reviving it" (NAÇÕES UNIDAS, 2010c, p. 35).

de peacebuilding, passa a ser questionada pela Revisão. No fim, a PBC em seus primeiros anos de atuação parece deslocada dentro do sistema ONU, ao invés de preencher a "lacuna institucional" para que foi idealizada.

2.2 OS PROBLEMAS ENCONTRADOS PARA CONSOLIDAÇÃO DA PEACEBUILDING COMMISSION (2011-2015)

A Revisão Anual de 2011, além de cumprir com o seu principal propósito de reportar as atividades desenvolvidas pela Comissão durante sua quinta sessão, também apresenta uma primeira resposta aos apontamentos da Revisão de 2010 sobre como fortalecer o papel da PBC dentro da ONU. Assim, somado aos trabalhos dos CSCs, o principal foco da Comissão foi sua reorganização para colocar em prática as recomendações da Revisão periódica. Para esse fim, o OC elaborou um *Road Map for Actions in 2011* indicando quatro áreas prioritárias para a atuação da PBC: (1) fortalecer a ideia de *national ownership* nas atividades de peacebuilding desenvolvidas pela Comissão; (2) ampliar a mobilização de recursos; (3) estabelecer consultas regulares com CSNU, AGNU e ECOSOC; (4) engajamento mais flexível e adaptável a conjuntura de cada país (NAÇÕES UNIDAS, 2012; PEACEBUILDING COMMISSION, 2011a, 2011b).

Um dos principais pontos problemáticos indicados pela Revisão 2010 foi a inserção da PBC no sistema ONU e seu relacionamento com outros órgãos e departamentos — sobretudo com AGNU, CSNU, ECOSOC e o Secretariado. Houve avanços no relacionamento com esses órgãos, porém foram pontuais. Em relação à AGNU, o presidente da PBC passou a fazer reportes anuais ao Comitê Especial para Operações de Paz. A Comissão também desenvolveu um evento em conjunto com o ECOSOC com o objetivo de discutir processo de paz e desenvolvimento no Sudão e Sudão do Sul (NAÇÕES UNIDAS, 2012).

Sobre o CSNU, a PBC e o Conselho passaram a promover mais interações por meio de encontros informais para as discussões de renovação dos mandatos de operações de paz ou missões políticas de países na agenda da Comissão. Somado a isso, o presidente da PBC e dos CSCs foram convidados a participar e discursar em reuniões do CSNU que tivessem essa agenda em comum. Entretanto, no caso específico do relacionamento entre PBC e CSNU, a revisão anual ressalta que ainda há espaço para o estreitamento desse vínculo como ampliar sua participação no aconselhamento do CSNU nas operações de paz e formulação dos mandatos e fornecer análises detalhadas em temas específicos de peacebuilding para o Conselho, mediante sua solicitação (NAÇÕES UNIDAS, 2012).

Além disso, dois novos países foram adicionados a agenda da PBC: Libéria e Guiné. No caso da Guiné, sua entrada ocorreu pelo requerimento do próprio país por meio de uma carta enviada à Comissão pedindo a adição do país à agenda da PBC (NAÇÕES UNIDAS, 2011). Juntamente, com o pedido de entrada o ministro das Relações Exteriores da Guiné, apontou em sua carta três eixos prioritários de peacebuilding que necessitavam de auxílio da PBC, sendo eles: projeto de reconciliação nacional, reforma do setor de segurança e geração de emprego para mulheres e jovens (NAÇÕES UNIDAS, 2011, 2012). Esses pontos foram aprovados e a Guiné passou a integrar a PBC ainda em 2011 e a Comissão ainda incluiu a necessidade de acompanhamento na promoção de eleições legislativas e auxílio na produção de um *Poverty Reduction Paper* [37] (NAÇÕES UNIDAS, 2012). É necessário apontar também que, ao contrário dos países que integravam a PBC, a Guiné não tinha nenhuma Operação de Paz em curso ou recém--finalizada, portanto, não estava na agenda do CSNU.

Já em relação à Libéria, o governo do país enviou uma carta ao SGNU pedindo a entrada do país na PBC em 2010 (NAÇÕES UNIDAS, 2010d). A Carta foi, então, repassada ao CSNU que aprovou a entrada do país na Comissão (NAÇÕES UNIDAS, 2010e). A entrada da Libéria na Comissão faria com que as atividades de peacebuilding fossem desenvolvidas em concomitância com a operação de paz em curso no país, a *United Nations Mission in Liberia* (UNMIL), buscando a transição das responsabilidades da UNMIL para o governo do país (NAÇÕES UNIDAS, 2012). Em seu primeiro ano, o foco do CSC para Libéria teve como prioridades implementação do Estado de Direito, reforma do setor de segurança e reconciliação nacional e a mobilização de fundos do PBF[38] para o país.

As atividades da PBC nos outros CSCs consistiu majoritariamente na revisão dos *frameworks*, com os ajustes necessários para a conjuntura de cada país. Por fim, após a Revisão 2010, a PBC também reformulou algumas

---

[37] Durante esse segundo período analisado, a PBC inclui em muitos dos CSCs a produção de *Poverty reduction papers* como forma de auxiliar esses países a cumprirem com os Objetivos de Desenvolvimento do Milênio como parte da estratégica de peacebuilding. Para mais informações, ver: Nações Unidas (2012).

[38] Na Revisão anual, é descrito que "The configuration was also closely engaged in the preparation of an expanded priority plan for peacebuilding in Liberia totalling $80 million for three years, for which the Peacebuilding Fund has allocated a catalytic contribution of $20 million". Além disso, buscam diálogo para investimento de atores como Austrália, Noruega, Estados Unidos e União Europeia (NAÇÕES UNIDAS, p. 18, 2012).

abordagens do WGLL. Antes, o grupo buscava discutir diversos tópicos relacionados a peacebuilding, mas nessa sessão passaram a redirecionar a discussão para tópicos de peacebuilding que fossem presentes nos *frameworks* dos países da agenda da PBC.

Após a primeira revisão periódica, a PBC buscou a readequar alguns de seus métodos de trabalho, conforme as críticas e recomendações apresentadas, consciente de que será um trabalho contínuo, pois ainda não alcançou a realização plena das funções idealizadas em 2005. Assim, a Comissão prossegue, em sua próxima sessão de 2012, com a promoção de atividades que irão valorizar o papel da PBC dentro do sistema ONU como um ator relevante. Para esse fim, a PBC elaborou um *Roadmap* para 2012, seguindo o que havia sido feito no início da sessão anterior, de maneira a esquematizar os principais objetivos da Comissão neste período.

No *Roadmap* para 2012[39], o principal foco para a PBC é a mobilização de recursos financeiros, possibilitando o avanço dos projetos de peacebuilding determinados pelos *frameworks* de cada país da agenda. Além do PBF, outras instituições que trabalharam próximas à PBC foram o Banco Mundial e o *African Development Bank* (AfDB) e, em menor escala, o PNUD e a União Europeia (NAÇÕES UNIDAS, 2013; PEACEBUILDING COMMISSION, 2013). Além disso, o PBSO produziu um relatório para a PBC identificando as oportunidades para mobilização de recursos em cada um dos países da Comissão como setor privados, IFIs e mesmo instituições filantrópicas (PEACEBUILDING SUPPORT OFFICE, 2012).

O relacionamento com outros órgãos da ONU também tem sido um ponto central nas atividades da PBC desde seu estabelecimento. A revisão anual de 2012 não aponta avanços específicos sobre o relacionamento da PBC com a AGNU e ECOSOC. Em relação ao Secretariado, a Comissão trabalhou mais próxima do *Steering Committee on Civilian Capacity in the Aftermath of Conflict*[40]. Por sua vez, a PBC e o CSNU desenvolveram algumas atividades em cooperação. Primeiramente, a revisão reforça a necessidade de o CSNU ajustar suas expectativas em relação à PBC. Além disso, o CSNU utilizou o auxílio da PBC durante esse período na renovação dos mandatos da UNMIL e UNIPSIL, a partir de cartas enviadas pelo presi-

---

[39] Outros pontos apresentados são similares às recomendações da Revisão 2010: "b) Partnerships and relations with other organs; c) Impact in the field with focus on relations with the UN missions; d) Strengthening the working methods". Para mais detalhes, ver: Peacebuilding Commission (2013).

[40] O *Steering Committee on Civilian Capacity in the Aftermath of Conflict* foi estabelecido pelo SGNU em 2011, como uma continuação do relatório produzido pelo *Senior Advisory Group*, em 2010, sobre medidas para capacitação de civis em contextos pós-conflito. Para mais informações ver: Nações Unidas (2011b).

dente das respectivas CSCs, e, no caso do Burundi, o presidente do CSC encaminhou um relatório reportando a situação do país ao presidente do Conselho (NAÇÕES UNIDAS, 2013).

Já os países da agenda da Comissão, nos CSC da Libéria e Guiné, o principal foco foi na elaboração de uma estratégia nacional de reconciliação, sendo que no último essa estratégia deveria incorporar as eleições parlamentares futuras. Para a RCA e Burundi, os trabalhos foram concentrados na mobilização de recursos e, especificamente, no caso do Burundi, arrecadação financeira para a implementação da nova *poverty reduction strategy*. O caso da Guiné-Bissau apresentou certo regresso no processo de peacebuilding após a ocorrência de um golpe de estado no país. Por fim, o CSC para a Guiné iniciou um trabalho de identificação de lacunas e sobreposições, em relação às atividades de peacebuilding realizadas no país, de maneira a otimizar sua atuação. Esse processo implementado pela Guiné surgiu como reflexo da preocupação da PBC em aprimorar seus métodos de trabalho para entregar mais resultados. Nesse sentido, a Comissão também passou a operar por meio de mais reuniões informais para que os membros e os representantes dos países receptores pudessem se expressar mais livremente sobre os tópicos (NAÇÕES UNIDAS, 2013).

A Revisão Anual de 2013 apresentou uma nova perspectiva de trabalho da PBC em sua sétima sessão que foi o desenvolvimento de um plano de trabalho para ampliar o diálogo entre a Comissão e a AGNU, CSNU e ECOSOC, pois este tem sido um problema central apontado desde os primeiros anos da PBC. A ideia introduzida foi a utilização dos representantes que ocupam os assentos destinados a cada um desses órgão na PBC para estabelecer maior diálogo e analisar novas possibilidades de atuação nos mesmos.[41]

A mesma iniciativa seria realizada para ampliar a cooperação entre a PBC e CSNU. Apesar de a relação entre ambos os órgãos ainda ser aquém do esperado, algumas atividades pontuais tiveram avanço. Destacam-se entre essas o convite do CSNU para que a PBC exercesse seu papel de órgão consultivo em reuniões do Conselho sobre Burundi, Libéria e Serra Leoa. O CSNU, inclusive por meio da resolução S/RES/2086 de 2013 sobre peacebuilding e manutenção da paz e desenvolvimento, reforçou sua predisposição para continuar seu trabalho consultivo com a PBC para impulsionar "advancing and supporting na integrated and coherent approach

---

[41] Na revisão de 2013, o texto aponta isso como encontrar "new entry points" nas agendas desses órgãos e por meio de um "fresh look" (NAÇÕES UNIDAS, 2014, p. 2).

with respect to multidimensional peacekeeping mandates in countries on its agenda" (CONSELHO DE SEGURANÇA, 2013, p. 6). Por fim, houve a necessidade de cooperação entre ambos para possibilitar projetos de transição de operações de paz ou missões especiais de países que estão avançando na implementação de peacebuilding, como é o caso de Serra Leoa e Burundi (NAÇÕES UNIDAS, 2014).

A maioria dos países da agenda continuaram avançando com seus respectivos planos de peacebuilding. A Serra Leoa iniciou o projeto para o processo de transição e saída do UNIPSIL, com auxílio da Comissão. No Burundi, a PBC seguiu acompanhando a mobilização dos recursos levantados em 2012. Seguindo a mesma agenda dos anos anteriores, a Comissão continuou auxiliando a Libéria no processo de reintegração nacional e a Guiné com o suporte para a realização de eleições legislativas. As exceções aos avanços foram as conjunturas internas da Guiné-Bissau e da RCA, pois ambas sofreram com golpes de estado em seus governos, o que colocou em foco a limitação da Comissão em agir nesses casos, levando à redução das atividades de peacebuilding desenvolvidas nesses países (NAÇÕES UNIDAS, 2014).

A sessão de 2014, a última que precede a Revisão periódica de 2015, foi marcada por algumas dificuldades no desenvolvimento das atividades da PBC. Primeiro, nesse período ocorreu um surto de Ebola que acometeu principalmente a costa oeste da África, e três países de sua agenda estavam entre os mais afetados — Serra Leoa, Guiné e Libéria. Portanto, algumas das atividades de peacebuilding desenvolvidas pela PBC nesses países foram diminuídas para que o foco fosse no oferecimento de suporte no combate a Ebola e nas possíveis consequências que esse surto pudesse trazer para o processo de consolidação da paz (NAÇÕES UNIDAS, 2015a).

Outro ponto desenvolvido com predominância na PBC durante esse ano foi a atenção nas iniciativas regionais. Todos os países da agenda da PBC são africanos e, durante outras sessões, a Comissão buscou parcerias com outros órgãos regionais, entre as quais se destaca a sua parceira com o AfDB. Entretanto é possível observar que, durante 2014, a PBC buscou fortalecer seus laços com a União Africana (UA), organizações sub-regionais africanas e ampliar seu relacionamento com os países vizinhos àqueles que estão em sua agenda e que possam ser afetados pelos conflitos. O objetivo é engajar esses atores nos processos de manutenção e fortalecer a perspectiva regional de peacebuilding (NAÇÕES UNIDAS, 2015a).

Entre as atividades da PBC desenvolvidas durante sua oitava sessão, passaram a ser implementadas sessões anuais temáticas[42]. Nessa primeira reunião, a temática desenvolvida foi meios de estimular a geração de receita doméstica e o combate contra financiamentos ilícitos. O objetivo de desenvolver maneiras práticas de mobilização de recursos, especificamente para "enhance the ability of post-conflict countries to domestically generate a greater part of the financial resources needed to rebuild their economic infrastructure and deliver essential services, thereby strengthening the social contract between the State and its citizens" (NAÇÕES UNIDAS, 2015a, p. 10).

Nesse período, a cooperação com o CSNU também foi fundamental para o avanço das atividades de peacebuilding da Comissão. Em conjunto com o Conselho, ocorreu a saída da UNIPSIL e transição das responsabilidades para o governo de Serra Leoa e o projeto para a futura saída do BINUB e do UNMIL, no Burundi e na Libéria, respectivamente. Entretanto, o WGLL reforçou que após a retirada de missões da ONU dos países, há uma queda nos investimentos recebidos e que são fundamentais para a continuidade do processo de peacebuilding. Assim, a PBC deveria conduzir seu trabalho nesses países para promover o desenvolvimento de capacidade interna de produzir receita nacional, para a sustentação do processo de paz (NAÇÕES UNIDAS, 2015a).

O segundo ponto de trabalho entre a PBC foi a nova onda de violência e retomada do conflito que ocorreu em 2014 na RCA. Dessa forma, o CSNU optou por substituir a BINUCA por uma nova operação de paz multidimensional, a *UN Multidimensional Integrated Stabilization Mission In The Central African Republic* (MINUSCA) (CONSELHO DE SEGURANÇA, 2014). Um cessar-fogo foi assinado em julho de 2014, renovando as expectativas para a retomada dos projetos da PBC no país.

2.2.1 O pessimismo enfatizado na Revisão Periódica de 2015

A Revisão 2015 tem uma mudança de tom quando comparada à Revisão 2010. Em 2010, o objetivo do relatório era relembrar os atores da ONU sobre o porquê da criação da PBC, servindo como um alerta. Entretanto, os problemas apontados naquela ocasião não apresentaram uma melhora, assim, o relatório 2015 enfatiza que "[...] those hopes [of 2005], if anything

---

[42] Na revisão anual de 2014, é apresentado como "Annual Sessions", porém isso se confunde com as sessões anuais da própria Comissão. Portanto, como o objetivo dessas é a discussão de um tema específico, optamos por referir a elas como "sessões anuais temáticas".

have further waned" (NAÇÕES UNIDAS, 2015b, p. 8). Por consequência, os elaboradores da nova revisão perceberam a necessidade de dar um passo atrás. A Revisão 2015 adota um tom que busca relembrar o que é peacebuilding e qual é sua importância para as estruturas de paz e segurança da ONU, assemelhando-se à abordagem utilizada nos anos 1990 e início dos anos 2000, nas quais os objetivos eram introduzir e fortalecer as percepções de peacebuilding na organização.

Para tanto, a primeira parte da Revisão 2015 é dedicada somente à retomada de ideias e conceitos discutidos repetidamente desde os anos 1990 dentro da organização no que tange à paz e à segurança internacionais. Nesse sentido, é relembrada a mudança na natureza e complexidade dos conflitos desde o fim da Guerra Fria, sendo eles majoritariamente intraestatais e envolvendo um vasto número de atores que propagam ondas de violência. A partir disso, o relatório ressalta que os conflitos atuais têm sua raiz em uma série de fatores internos, entre os quais são citados problemas de governança e instituições fracas, opressão contra minorias, crime transacional, problemas econômicos e problemas relacionados ao meio ambiente e recursos naturais. Destaca-se, portanto, a ideia de que a maioria dos conflitos atuais são causados por estruturas fundamentais do Estado-nação que não estão funcionais ou se encontram fragmentadas (NAÇÕES UNIDAS, 2015b).

O desenvolvimento das características dos conflitos atuais é fundamental no relatório, pois é por meio desses argumentos que ele busca relembrar o porquê de peacebuilding ser a abordagem mais adequada para não somente lidar com esses conflitos, mas principalmente impedir sua reincidência. Assim, a Revisão relembra o conceito de *sustaining peace*, que é baseado em uma visão de paz positiva e, portanto, convergente com a proposta de peacebuilding.[43] Esse conceito não é introduzido em 2015, ele é recorrente dentro das Nações Unidas desde a Agenda para a Paz — conforme descrito no Capítulo 1 —, o papel da Revisão é apenas reforçar a importância da premissa de *sustaining peace* para as estruturas de paz e segurança da ONU.

A partir disso, a Revisão aponta alguns dos problemas que tem causado poucos avanços ou até mesmo o insucesso das atividades de peacebuilding dentro da organização. Primeiro, as expectativas e prazos estabelecidos pela organização são incompatíveis com a complexidade intrínseca ao processo

---

[43] É necessário apontar que os formuladores da Revisão 2015 chegam a usar peacebuilding e *sustaining peace* de maneira intercambiável no decorrer do relatório. Peacebuilding – the term proposed here is sustaining peace (NAÇÕES UNIDAS, 2015b).

de peacebuilding. As *timelines* propostas são, majoritariamente, inviáveis devido ao curto espaço de tempo dedicado para a realização de cada projeto e, além disso, às vezes, o resultado alcançado não é o esperado inicialmente, isso porque "all this takes place in a context in which progress, inevitably, is neither linear nor monodirectional" (NAÇÕES UNIDAS, 2015b, p. 15). Complementarmente, o segundo ponto apresentado é que peacebuilding é um processo de longo prazo, entretanto, o comprometimento dos atores internacionais é limitado e busca resultado visíveis, levando, assim, à elaboração de prazos impraticáveis (NAÇÕES UNIDAS, 2015b).

Outro ponto apresentado pelo relatório é a inconsistência entre os discursos que enfatizam processos de peacebuilding *bottom-up,* mas que, na prática, os processos de paz ainda não refletem isso nessa premissa. Principalmente, após os anos 2000, foi predominante na ONU a visão de que para ter um processo de paz duradouro, os atores da comunidade internacional não poderiam impor estruturas ou processos no país receptor da intervenção; em um cenário ideal, os processos de paz deveriam ocorrer por meio dos atores locais contando apenas com mecanismos de auxílio da comunidade internacional[44], o que é referido recorrentemente como *national ownership.* Entretanto, a Revisão 2015 aponta que, na prática, a realidade é diferente. Os medidadores chegam a acordos de paz que não refletem a conjuntura interna do país receptor da intervenção ou dos atores locais. Somado a isso, são determinados períodos de transição com prazos curtos, mas com projetos complexos como elaboração de nova constituição ou realização de eleições democráticas[45]. O resultado são processos de paz que tem legitimidade internacional, entretanto, com pouca legitimidade local que seria essencial para a construção de uma *sustaining peace,* aumentando as chances de recorrência do conflito e ondas de violência (NAÇÕES UNIDAS, 2015b).

Após a revisão dos principais conceitos que deveriam permear as atividades de paz e segurança da ONU, a segunda parte da Revisão 2015 é destinada à análise do desenvolvimento de atividades de peacebuilding

---

[44] No parágrafo 45 da Revisão 2015: "The United Nations and other international actors can play an important role of facilitation and accompaniment (or paraphrasing a respected non-governmental organization, Interpeace, the United Nations should *"do less and enable more"* (NAÇÕES UNIDAS, 2015b, p. 18, grifo nosso).

[45] Sobre o processo de eleições democráticas, o relatório enfatiza que, devido à maneira como os processos de paz são conduzidos, sem se basearem em *national ownership,* elas são a principal causa de reincidência do conflito: "34. It is, however, post-conflict elections that so often pose the most risk of relapse. Seen as a means to turn the page on violence, they too often become, instead, a moment at which violence tends to re-emerge. The campaign becomes an opportunity for tactics of exclusion (who can run, who can vote and who cannot do either). Contentious election campaigns turn violent or reopen divisive wounds. Electoral commissions are often perceived as partisan, favouring incumbents. [...]" (NAÇÕES UNIDAS, 2015b, p. 16).

pela organização. Dessa forma, essa parte do relatório é a principal a ser examinada para compreender a atuação da PBC no que tange a agenda de peacebuilding da ONU.

O principal problema apontado na Revisão de 2015 é remanescente do que já havia sido apresentado na Revisão de 2010 e a criação da PBA, em 2005: a fragmentação do sistema ONU[46] no desenvolvimento das atividades de peacebuilding. As percepções apresentadas pelo relatório demonstram que não houve avanços significativos nos últimos anos e não há esforços para que os órgãos e atores da organização atuem de maneira coordenada, necessária na promoção de atividades de peacebuilding. O parágrafo 60 enfatiza que "The entire range of United Nations actors — from peacemakers to peacekeepers to the specialized agencies — must therefore recognize and embrace their centrality to sustaining peace and act together accordingly. *That is not always the case now*" (NAÇÕES UNIDAS, 2015b, p. 21, grifo nosso).

Um fator central do problema da fragmentação na agenda de peacebuilding são as disputas entre a AGNU e o CSNU. De um lado, a AGNU defende que o Conselho tenta se apropriar de suas agendas de desenvolvimento e Direitos Humanos. Por outro lado, alguns membros do CSNU têm a percepção de que a Assembleia se infiltra em assuntos de manutenção, utilizando como argumento "the so-called 'back door' of peacebuilding" (NAÇÕES UNIDAS, 2015b, p. 22). Assim, "there is general recognition that deep fragmentation persists, given that each entity focuses on its own specific mandate at the expense of overall coherence" (NAÇÕES UNIDAS, 2015b, p. 22). Somado a isso, ainda ocorre uma fragmentação entre os órgãos da ONU e o Secretariado, pois esse deveria ser o responsável por algum nível de coordenação entre as instâncias da organização, visto que detém o papel administrativo da organização (NAÇÕES UNIDAS, 1945).

A fragmentação na sede da ONU reflete também na sua atuação em campo. Segundo o relatório, o foco da organização ainda majoritariamente voltado à resposta em momentos de crise, isto é, quando há ondas de violência durante os conflitos. Entretanto, pouca atenção é dada no estágio de prevenção de conflito e no estágio de recuperação e reconstrução, que são fundamentais dentro da compreensão de peacebuilding e para a promoção

---

[46] A fragmentação e disputa por agendas dentro do Sistema ONU ocorre desde a criação da organização, mas como o objeto desta pesquisa é a PBC, optou-se por focar na fragmentação da agenda de peacebuilding da organização. Mas os formuladores da Revisão 2015 reconhecem que é um problema que acomete toda a estrutura das Nações Unidas, citando algumas iniciativas de reforma que tentaram solucioná-lo como o *United Nations System Chief Excutives Board for Coordination*, o estabelecimento do *Integration Steering Group* e a iniciativa *Delivering as One*. Entretanto, não houve avanços na resolução desse problema (NAÇÕES UNIDAS, 2015b).

de *sustaining peace*. Assim, os formuladores descrevem as atividades atuais de paz e segurança da ONU em campo como um "U invertido", conforme demonstrado na Figura 2 a seguir (NAÇÕES UNIDAS, 2015b).

Figura 2 – Ações das Nações Unidas em campo

Fonte: a autora, com base em Nações Unidas (2015b)

As tentativas de mobilizar iniciativas de prevenção são raras e, quando ocorrem, geralmente já é tarde demais e não são capazes de evitar a eclosão dos conflitos. Dessa forma, conforme descrito anteriormente, respostas a crises têm sido mais comuns nas Nações Unidas, acontecendo por meio da formulação de mandatos multidimensionais nas operações de paz autorizadas pelo CSNU. Entretanto, a complexidade envolvida nos mandatos multidimensionais dificulta o comprimento integral deles em campo, principalmente no que tange aos problemas de arrecadamento financeiro e de organização desses recursos para o desenvolvimento das agendas de peacebuilding propostas, pois dependem da "unpredictable generosity of donors" (NAÇÕES UNIDAS, 2015b, p. 26), fazendo com que nem sempre os recursos sejam contínuos. A situação é ainda pior quando uma operação de paz é finalizada, pois isso diminui a atenção política dada ao país receptor e, consequentemente, acarreta a diminuição dos financiamentos que poderiam continuar auxiliando na reconstrução e recuperação. A partir dessa conjuntura, os elaboradores do relatório são enfáticos ao declararem que "peacebuilding inadvertenly appear to be set to fail" (NAÇÕES UNIDAS, 2015b, p. 26).

Tampouco houve avanços da PBC e PBSO e com Secretariado. A PBC ainda é subutilizada por departamentos do Secretariado que estão diretamente envolvidos com peacebuilding como o DPA e o DPKO. E, apesar de a Comissão ter sua própria representação no Secretariado por meio do PBSO, este contou com uma falta de pessoal desde seu estabelecimento, dificultando o desenvolvimento pleno de suas atividades[47]. Já em relação ao PBF, o relatório aponta que houve um aumento da arrecadação em 2014 chegando a US\$99 milhões. Porém, os formuladores observam que inicialmente havia uma equivalência, sendo os países receptores dos fundos de emergência do PBF também integrantes da PBC, mas nos últimos cinco anos houve uma mudança, uma vez que o PBF auxilia cerca de 32 países, mas apenas 6 estão na agenda da Comissão (NAÇÕES UNIDAS, 2015b).

A PBC encontra-se, portanto, sendo um novo órgão com o objetivo de centralizar a agenda de peacebuilding da ONU, em meio de um cenário de fragmentação e disputas internas de órgãos da ONU, dentre os quais se destacam as incongruências entre AGNU e CSNU, que são justamente as instancias responsáveis pela Comissão dentro do sistema ONU. Os outros órgãos da PBA (PBSO e PBF) também sofrem com as disputas internas e fragmentação na organização. Não obstante, a tentativa da Comissão de promover as atividades de peacebuilding, de acordo com *sustaining peace* e *national ownership,* é muitas vezes dificultada, devido à forma com que as iniciativas de paz e segurança são promovidas pelas estruturas já estabelecidas da ONU.

2.3 ESTABILIZAÇÃO E MUDANÇAS NOS MÉTODOS DE TRABALHO DA PEACEBUILDING COMMISSION (2016-2020)

A Revisão anual de 2016 buscou abordar alguns dos problemas indicados pela Revisão 2015. Assim como já trabalhado em sessões anteriores, a PBC buscou maior engajamento com atores regionais considerados centrais para progredir na implementação das iniciativas de peacebuilding dos países de sua agenda. Especificamente, a Comissão buscou maior engajamento no Oeste da África, visto que cinco dos seis países de sua agenda são dessa região. Portanto, ampliaram os trabalhos para promover maior sinergia entre as atividades de peacebuilding promovidas por outros departamentos e órgãos da ONU, organizações regionais e sub-regionais que atual na

---

[47] No parágrafo 104, é descrito que o PBSO "has had to dedicate most of its scarce resources to providing secretarial support to the meetings of the Commission and the country-specific configurations, with little time for in-depth policy analysis on dealing with conflict-affected States or on what drives the recurrence of conflict" (NAÇÕES UNIDAS, 2015b, p. 38).

Oeste da África e outros atores relevantes para peacebuilding. Além disso, promoveu um encontro em abril de 2016 sobre as dimensões sub-regionais de peacebuilding na Oeste da África, envolvendo o DPKO, PBSO e PNUD, trazendo para a pauta a inclusão de novos países da região na agenda da PBC como Burkina Faso, Costa do Marfim e Mali (NAÇÕES UNIDAS, 2017).

Uma das recomendações não somente da Revisão 2015, mas que já era presente na Revisão de 2010, foi a flexibilização dos métodos de trabalho da Comissão. Assim, a PBC poderia desempenhar seu papel como *advisory body* para estratégias e atividades de peacebuilding que estão sendo desenvolvidas por outros órgãos da ONU em países que não estão na agenda da Comissão. A exemplo disso, a PBC sediou discussões sobre financiamentos para as atividades de peacebuilding na Papua Nova-Guiné e Somália e mobilizou assistência do PBF para o Quirguistão. Outra recomendação que teve avanços foi maior dedicação a agenda de gênero e peacebuilding (NAÇÕES UNIDAS, 2017).

O relacionamento entre a PBC, AGNU e ECOSOC ainda continuaram pontuais. Em relação à AGNU, foi organizada uma reunião de alta-cúpula com o tema "Nações Unidas, paz e segurança", em 2016, pelo presidente da Assembleia com o objetivo de reafirmar "the importance of synergies between the General Assembly and the Commission" (NAÇÕES UNIDAS, 2017, p. 7). Ademais, o presidente da AGNU planeja uma reunião com os presidentes do CSNU, ECOSOC e PBC, a ser realizada no início de 2017. O trabalho da Comissão com o ECOSOC ocorreu no sentido de enfatizar as atividades peacebuilding que podem ser realizadas para contribuir com o avanço da Agenda 2030 (NAÇÕES UNIDAS, 2017).

A sessão seguinte que ocorreu em 2017 apresentou poucas mudanças nos trabalhos da PBC. É possível apontar quatro pontos de destaque das atividades da Comissão, segundo a Revisão anual de 2017. Primeiro, a PBC ampliou seu engajamento regional no Oeste da África e na região do Sahel, por meio de reuniões com o CSNU e ECOSOC que incentivaram os benefícios do engajamento da PBC nas atividades de peacebuilding no *United Nations Office for West Africa and the Sahel* (UNOWAS). Além disso, a PBC utilizou sua plataforma para mobilizar recursos e atenção para a região dos Grandes Lagos da África, na qual está localizado o Burundi, país de sua agenda (NAÇÕES UNIDAS, 2018).

O segundo ponto de destaque desenvolvido durante todo o relatório da revisão anual é sobre o financiamento para peacebuilding após a finalização e retirada de operações de paz e/ou missões especiais. De acordo com a PBC, a tendência observada é a queda nos recursos destinados aos países após o processo de transição de presença da ONU em campo para os governos locais. O Relatório reforça que "The resource and expertise 'cliff' created by the closure of long-standing peacekeeping operations had had a negative impact on the ability of Governments and the international community to sustain gains made and prevent relapses into violence" (NAÇÕES UNIDAS, 2018, p. 9). Portanto, essa fuga de recursos dificulta o processo de manutenção da paz que deve ser pensado a longo prazo.

A PBC buscou atrair maior atenção do CSNU para esse problema, principalmente frente ao projeto de transição e retirada da UNMIL, planejado para ocorrer em março de 2018. Nesse sentido, o terceiro ponto enfatizado no relatório é sobre o planejamento da Comissão para estabelecer um plano com fontes perenes e previsíveis de recursos destinados à Libéria, de maneira a possibilitar a continuidade das atividades de peacebuilding para a manutenção da paz. A PBC auxiliou na criação de um *multi-partner trust fund* que tinha como previsão a mobilização de cerca de US$130 Milhões para o país nos próximos três anos (NAÇÕES UNIDAS, 2018).

Por fim, a PBC implementou com maior frequência a flexibilização de seus métodos de trabalho, agindo como *advisory body* para países que não estão em sua agenda, mas requisitaram o auxílio da plataforma oferecida pela Comissão, sendo esses: Colômbia, Gâmbia, Ilhas Salomão e Sri Lanka. Acerca dos outros países da agenda houve a finalização do CSC da Guiné, preparação para as eleições, em 2018, na Guiné-Bissau e Serra Leoa, o Burundi ainda busca a superação da crise política no país e seus impactos socioeconômicos e a RCA iniciou o planejamento para reforma do setor de segurança e as preparações para a renovação do mandato da MINUSCA, em 2018.

A sessão de 2018 da PBC apresentou poucas mudanças nos trabalhos que já estavam sendo desenvolvidos pela Comissão nos anos anteriores. Uma das principais atividades foi a finalização e retirada da UNMIL e o processo de transição para as autoridades do país para que esses dessem continuidade ao processo de peacebuilding e manutenção da paz (CONSELHO DE SEGURANÇA, 2016). O apoio da PBC no processo de finalização das operações de paz e transição das responsabilidades aos governos locais continuou sendo o principal ponto em comum para a cooperação entre a Comissão e o CSNU (NAÇÕES UNIDAS, 2018).

Além disso, a PBC intensificou sua cooperação com outros órgãos e departamentos da ONU, no que tange às iniciativas de peacebuilding para a região do Sahel por meio da UNOWAS. A Comissão promoveu um painel de experts sobre a região do Sahel, o qual contou com a participação de um representante do *United Nations Office on Drugs and Crime* (UNODC), reportando à PBC sobre crime organizado transacional e terrorismo como os principais desafios para a manutenção da paz na região. Além disso, o ECOSOC e a Comissão realizaram uma reunião conjunta com o objetivo de discutir conexões entre mudanças climáticas e a manutenção da paz no Sahel. O CSNU também continuou incentivando o envolvimento da PBC na ECOWAS (NAÇÕES UNIDAS, 2018).

Por fim, o SGNU alertou os Estado-membros da organização sobre a queda nas contribuições para o PBF, pois isso poderia resultar em problemas tanto na capacidade de resposta emergencial quanto na previsibilidade de manutenção de auxílio financeiro fornecidos pelo Fundo. Assim, esse problema comprometeria a manutenção de projetos de peacebuilding financiados pelo fundo (NAÇÕES UNIDAS, 2018).

A Revisão anual de 2019 foi a última antes da nova revisão periódica, programada para ser lançada em 2020. Durante essa sessão, a PBC deu seguimento com os trabalhos dos países de sua agenda, os quais, em sua maioria, precisavam de apoio para o desenvolvimento de planos nacionais de desenvolvimento, assim como o auxílio da Comissão para buscar parceiros e financiamentos com o objetivo de dar continuidade na implementação das atividades de peacebuilding.

No que tange às atividades específicas em cada país da PBC, ocorreram alguns destaques em 2019. A pedido do governo de Serra Leoa, a PBC também iniciou as discussões sobre a saída do país da agenda formal da Comissão, dado os avanços apresentados pelo país nos últimos anos. Além disso, no CSC para a Guiné-Bissau, iniciou-se o planejamento para transição e finalização do UNIOGBIS, no início de 2020, conforme resolução do CSNU (CONSELHO DE SEGURANÇA, 2019). Na RCA, houve a assinatura do *Political Agreement for Peace and reconciliation in the Central African Republic,* que contou com um pacote de financiamento do PBF para sua implementação, e o processo de renovação da MINUSCA pelo CSNU. No Burundi, a PBC permaneceu auxiliando nos planos de conciliação nacional e desenvolvimento. Por fim, na Libéria, após a retirada da UNMIL em 2018, o país continuou com a implementação das atividades de peacebuilding, mas a deterioração da situação econômica levou a um aumento dos protestos da população em 2019 (NAÇÕES UNIDAS, 2019).

Além dos países de sua agenda formal, a PBC continuou abrindo sua plataforma, de maneira a promover auxílio a processos de peacebuilding em outros países que requeressem seu aconselhamento. Com exceção de Sri Lanka e Papua Nova Guiné, seu engajamento maior foi com outros países africanos da região do Sahel, como Gâmbia, Chade, Costa do Marfim e Burkina-Fasso. Desde 2017, a PBC tem aumento progressivamente seu envolvimento nas atividades de peacebuilding da região do Sahel e sua cooperação com OIs africanas sub-regionais, como a ECOWAS, mas também ampliando o diálogo com atores da ONU sobre a região como a UNOWAS e o ECOSOC (NAÇÕES UNIDAS, 2019).

Outros pontos de destaque da atuação da PBC, em 2019, foi a maior ênfase na inclusão de discussões sobre o papel das mulheres nos processos de peacebuilding e também na ampliação da cooperação sul-sul em futuras atividades de peacebuilding. Somado a esses pontos, um avanço que ocorreu o período foi o aumento das contribuições ao PBF. Desde as apelações do SGNU e alguns membros, em 2018, o PBSO desenvolveu um plano de investimento para o PBF, no período entre 2020-2024.

2.3.1 A Revisão Periódica de 2020: uma nova tentativa?

As preparações para a Revisão periódica de 2020 tiveram início ainda em novembro de 2019 com a fase de consultas informais. Ao contrário das Revisões de 2010 e 2015 que foram conduzidas por um grupo independente, todo o processo da Revisão 2020 foi coordenado pelo então SGNU António Guterres, o qual mostrou grande envolvimento com as pautas de peacebuilding e *sustaining peace* na ONU, desde a posse de seu mandato, em 2017. Em 2018, António Guterres já havia produzido um relatório intitulado "peacebuilding and sustaining peace" com objetivo de indicar os avanços já realizados desde a Revisão 2015, assim como apontar as lacunas que deveriam ser preenchidas até a próxima revisão periódica em 2020 (NAÇÕES UNIDAS, 2018b).

A Revisão 2020 foi divulgada em julho de 2020 e se distingue da anteriores em alguns pontos. Primeiro, ela trabalha com maior ênfase na importância dos pilares de peacebuilding do desenvolvimento sustentável e dos Direitos Humanos. Uma das principais razões disso é o compromisso do SGNU em conectar desenvolvimento sustentável e *sustainable peace,* tendo como panorama a Agenda 2030 e o cumprimento dos Objetivos de Desenvolvimento Sustentável.[48] Essa coordenação é frequentemente referida durante toda a extensão do relatório como abordagem "multidimensional and cross-pillar responses" (NAÇÕES UNIDAS, 2020, p. 3).

---

[48] Essa é a revisão que mostra o maior comprometimento com a agenda de desenvolvimento sustentável da ONU e sua conexão com peacebuilding. E, apesar de os Objetivos de Desenvolvimento Sustentável terem sido divulgados apenas em 2015, eles são considerados uma renovação e revisão dos Objetivos de Desenvolvimento do Milênio, lançados em 2000 pelas Nações Unidas. Para mais informações, ver: https://www.un.org/millenniumgoals/; https://sdgs.un.org/goals.

Além disso, a Revisão 2020 foi desenvolvida em um contexto diferente devido à pandemia de Covid-19. Nesse sentido, mesmo que sendo formulada no período inicial da pandemia, ela já considera possíveis consequências dela para os processos de peacebuilding, por exemplo, regressos ou estagnação no desenvolvimento de alguns países, ressurgência de conflitos ou até o surgimento de novos conflitos. Por fim, é observado que houve um aumento na incorporação de *sustaining peace* na atuação de vários órgãos e departamentos da ONU, considerado um avanço pelo SGNU, principalmente levando em conta o tom expressado na Revisão 2015[49] (NAÇÕES UNIDAS, 2020).

Sobre a PBC, é ressaltado que nos últimos anos ela desenvolveu principalmente um papel de coordenação na frente de peacebuilding entre no sistema ONU e com outros parceiros externos. Somado a isso, nos últimos cinco anos, houve uma ampliação do engajamento mais flexível da Comissão em outros países e regiões[50], para além daqueles cinco países configuram a agenda fixa com CSC (NAÇÕES UNIDAS, 2020). Para os países que não estão em sua agenda, o envolvimento da PBC foi mais superficial, oferecendo sua plataforma para realização de diálogo entre atores envolvidos ou chamar atenção da comunidade internacional para questões de financiamento.

Outro ponto central em todas as revisões periódicas é a relação da PBC com ECOSOC, AGNU e CSNU. A Revisão 2020 aponta que houve avanços no relacionamento com o CSNU, principalmente no aconselhamento requisitado pelo Conselho e no envolvimento da PBC nos processos de retirada de operações de paz e missões políticas (UNMIL) e na renovação de mandatos do CSNU (MINUSCA, UNIOGBIS E UNOWAS). Houve também uma aproximação com o ECOSOC, com cooperação entre ambos, para discutir os conflitos transnacionais na região do Sahel. No caso da AGNU, não houve avanços significativos para além dos reportes anuais que já ocorriam. Assim, o relatório reconhece os avanços realizados, mas aconselha que ainda há espaço para maior aproximação, inclusive sugerindo a designação de um coordenador informal da PBC para lidar somente com a coordenação entre a Comissão e AGNU e ECOSOC (NAÇÕES UNIDAS, 2020).

---

[49] Neste trecho da revisão, isso é apresentado em mais detalhes: "sustaining peace has been integrated into 300 outcome documents from United Nations intergovernmental bodies since 2015 and in double the number of Security Council resolutions in 2019 compared to 2015 (NAÇÕES UNIDAS, 2020, p. 5).

[50] A Revisão totaliza o envolvimento da PBC em 17 países e regiões desde 2016: Burkina Faso, Burundi, RCA, Colômbia, Gâmbia, Guiné, Guiné-Bissau, Quirguistão, Libéria, Papua Nova-Guiné, Serra Leoa, Ilhas Salomão, Somália, Sri Lanka, região dos Grandes Lagos, região do lago Chade Basin e região do Sahel (NAÇÕES UNIDAS, 2020, p. 6).

3

PEACEBUILDING COMMISSION: DA ESPERANÇA AO FRACASSO?

Nos dois primeiros capítulos, foram realizadas revisões históricas do processo de consolidação do conceito de peacebuilding nas Nações Unidas a partir dos anos 1990 até a institucionalização do conceito, a partir da criação da Peacebuilding Commission, em 2005 (Capítulo 1), e, após isso, como se desenvolveram os trabalhos da PBC nos seus primeiros 15 anos de atuação (Capítulo 2). A partir das informações apresentadas nos capítulos anteriores, o Capítulo 3 apresentará uma análise crítica das atividades desenvolvidas pela PBC, identificando desafios e avanços que ela apresentou ao lhe ser designado o papel de preencher a lacuna institucional relacionada a peacebuilding dentro do sistema ONU.

Para esse fim, o capítulo será dividido em três partes. A primeira parte tem como objetivo a análise dos trabalhos desenvolvidos dentro da PBC, isto é, incluindo as CSCs, OC e WGLL, e, após, o relacionamento da Comissão com as outras estruturas da PBA, o PBSO e o PBF. Em seguida, a proposta é expandir o escopo da análise, a partir da investigação sobre como a PBC se inseriu dentro do sistema ONU, especificamente, no que tange a seu relacionamento com os dois órgãos aos quais ela é subsidiária: AGNU e CSNU. Essa parte está dividida em dois recortes temporais: os problemas políticos e institucionais que permearam o processo de negociação para a criação da PBC e, em seguida, as consequências que essas disputas tiveram no desempenho das atividades da Comissão.

Finalmente, a última parte pretende responder à pergunta de pesquisa sobre se a PBC cumpriu com as funções que lhe foram designadas em 2005, a partir dos argumentos apresentados ao decorrer do Capítulo 3. Para isso, quatro categorias serão analisadas: (1) mobilização de recursos para Peacebuilding Pós-Conflito; (2) aconselhamento e implementação de estratégias de peacebuilding pós-conflito; (3) manutenção da atenção política para os países de sua agenda; (4) coordenar atores envolvidos em peacebuilding.

A análise realizada neste capítulo sobre as atividades desempenhadas pela PBC entre 2005-2020 utilizará como base teórica a complementariedade entre as abordagens de Barnett e Finnemore (1999) e de Robert Cox (1981, 1993). Em seu trabalho "The Politics, Power, and Pathologies of International Organizations", Barnett e Finnemore fornecem a base teórica que auxilia na análise das relações burocráticas e institucionais da PBC dentro da PBA e do sistema ONU. Segundo os autores, as organizações internacionais apresentam comportamentos disfuncionais que as impedem de serem eficazes ou cumprir com os objetivos de sua criação, nomeadas como patologias. No caso desta pesquisa, as patologias se desenvolvem no campo burocrático da ONU com disputas de agendas entre os órgãos do Secretariado responsáveis por peacebuilding o PBSO, DPA e, em menor escala, o DPKO. Somado a isso, também ocorrem patologias que desafiam o funcionamento da PBC no campo institucional: as disputas políticas históricas entre os Estados-membros da ONU.

Entretanto, somente a utilização do trabalho de Barnett e Finnemore não possibilita a compreensão de todos os arranjos políticos que impactam no funcionamento da PBC. Portanto, utilizaremos complementarmente o trabalho de Robert Cox sobre hegemonia e organizações internacionais. Segundo essa teoria, as Organizações Internacionais são a forma legitima e legal e de perpetuar ideias hegemônicas, por meio de cinco maneiras:

> (1) they embody the rules which facilitate the expansion of hegemonic world orders; (2) they are themselves the product of the hegemonic world order; (3) they ideologically legitimate the norms of the world order; (4) they co-opt the elites from peripheral countries and (5) they absorb counterhegemonic ideas (COX, 1993, p. 62).

A partir dos conceitos de patologia e hegemonia nas organizações internacionais, utilizados conjuntamente, é que construirei a base teórica que possibilitará a análise sobre se a Peacebuilding Commission cumpriu com os as funções que lhe foram designadas em seu estabelecimento, em 2005. E, adicionalmente, será possível mapear se a criação da PBC preencheu a lacuna institucional existente no sistema ONU, conforme idealizado desde os anos 1990.

3.1 PRINCIPAIS DESAFIOS DA PEACEBUILDING COMMISSION DENTRO DA PEACEBUILDING ARCHITECTURE

3.1.1 O funcionamento das estruturas da Peacebuilding Commission

Durante a criação da PBC, era esperado que o principal valor adicionado que ela traria para a atuação das Nações Unidas seria a criação de uma Configuração específica de monitoramento e acompanhamento do pós-conflito de cada país de sua agenda, por meio das CSCs (PONZIO, 2007). Eles deveriam representar um projeto mais elaborado do que eram os Comitês *ad hoc*, conduzidos pelo ECOSOC no início dos anos 2000 para atividades de peacebuilding (NAÇÕES UNIDAS, 2004). Dessa forma, a maior parte das expectativas depositadas sob a criação da PBC está relacionada ao desempenho das CSCs e como seus métodos de trabalho e abordagens de peacebuilding iriam contribuir para a manutenção da paz nos países em contexto pós-conflito. Assim, esta seção é dedicada à análise dessa estrutura da PBC.

Os primeiros países incluídos na agenda da PBC foram Serra Leoa e Burundi, em 2006, ainda no primeiro ano de operação da Comissão. Ambos os casos foram referidos à PBC por meio da indicação do CSNU (PEACEBUILDING COMMISSION, 2006b), com o objetivo de servirem como um laboratório para testar os métodos de trabalho da nova Comissão. Os dois países já se encontravam em estágios pós-conflitos mais avançados, com a conclusão das operações de paz e substituição dessas por missões políticas, antes de suas entradas na agenda da PBC.

Cavalcante (2019) aponta que havia alguns países na lista para serem os primeiros a integrarem a agenda da PBC, entre eles, os nomes de Burundi e Serra Leoa apoiados por Reino Unido e França; Libéria, apoiada pelos Estados Unidos; e Haiti, Timor Leste e Guiné-Bissau, apoiados pelo Brasil. Entretanto, como não haviam sido apontado critérios claros para a entrada de países na PBC nos documentos de estabelecimentos (A/RES/60/180-S/RES/1645), então, a decisão final de indicar Burundi e Serra Leoa foi baseada em elementos políticos. Primeiro, pelo fato de os dois países se mostrarem dispostos a entrar na Comissão e por já terem projetos mais avançados pós-conflito o que poderia trazer resultados mais rápidos para serem demonstrados.

Nos primeiros anos, o trabalho da PBC de fato conseguiu alguns avanços em Serra Leoa e Burundi, principalmente em relação ao levantamento de fundos para esses países que se somaram aos projetos do PBF (HEARN *et al.*, 2015; NAÇÕES UNIDAS, 2012, 2013, 2014). Isso permitiu que alguns projetos internos pudessem ser viabilizados, já que antes não havia capital suficiente para isso, devido a ambos os países estarem à margem da agenda política internacional. Para a segunda sessão da PBC, em 2007, havia a percepção interna que mais países deveriam ser adicionados à agenda da Comissão para que essa conseguissem continuar seu crescimento intrainstitucional.

Naquele momento, ocorriam negociações sobre quatro países possíveis para integrar a agenda da PBC: Nepal, Timor-Leste, Guiné-Bissau e RCA. Entretanto, os dois primeiros países não entraram na agenda da Comissão. Em relação ao Timor-Leste, já havia presença das Nações Unidas conduzindo processo pós-conflito com apoio da Austrália. No caso do Nepal, além do receio das autoridades nacionais a se exporem ao acompanhamento extensivo de uma organização internacional, havia também o posicionamento geopolítico da Índia e China que consideram o país como sua área de influência e não queriam interferência internacional na região. Dessa forma, apenas RCA e Guiné-Bissau estavam dispostas e passaram a integrar a agenda da PBC, devido ao "lack of any suitable alternatives at a time when PBC members saw an expansion of its caseload as a prerequisite for institutional growth" (JENKINS, 2013, p. 111).

Ainda assim, a inclusão da Guiné-Bissau e da RCA na agenda fazia com que a PBC expandisse sua proposta inicial de trabalhar com países em estágios pós-conflito, principalmente, auxiliando no processo de transição após a retirada de operações de paz. Abdenur e de Souza Neto se referem à inclusão da Guiné-Bissau como uma inclusão estranha para a PBC, pois não havia operação de paz em curso ou perto de sua conclusão para que a PBC realizasse um sequenciamento no país (ABDENUR; SOUZA NETO, 2016). Por sua vez, a RCA ainda tinha uma operação de paz em curso, a MINUCART e, no momento de sua entrada, as negociações para o Acordo de Paz ainda estavam em curso. Portanto, segundo Jenkins (2013), categorizar a RCA como um país "pós-conflito" era precipitado.

O que motivou a entrada desses países, além do consentimento dos governos locais com a participação na Comissão, foram fatores políticos e financeiros. Ambos os países não tinham muita atenção da comunidade internacional e como eram contextos que apresentavam alto risco de violência, também não havia muitos doadores internacionais. O governo da RCA enviou o pedido de entrada por meio de uma Carta diretamente à PBC, mas sua entrada teve que ser aprovada pelo CSNU, pois havia uma operação de paz em curso. O caso da Guiné-Bissau se diferencia em alguns aspectos. O país foi encaminhado pelo CSNU à PBC, pois interessava ao Conselho que algum nível de monitoramento fosse realizado, devido às rotas de tráfico internacional de drogas que ocorriam no país. Além disso, em ambos os casos parte do consentimento dos governos para a entrada na PBC ocorreu a partir da pressão dos poucos doares internacionais engajados com os dois países (ABDENUR; SOUZA NETO, 2016; JENKINS, 2013). É possível notar que, assim como nos casos de Burundi e Serra Leoa, os fatores políticos e financeiros foram mais decisivos na inclusão da RCA e Guiné-Bissau na agenda da Comissão do que o comprimento dos critérios para a entrada de um país na agenda da PBC.

Por fim, Libéria e Guiné foram os últimos países adicionados à agenda da PBC, em 2010 e 2011, respectivamente. No momento de entrada da Libéria na PBC, a sua situação se assemelhava àquela da RCA, pois havia uma operação de paz em curso (UNMIL) e, portanto, a carta do governo enviado ao SGNU pedindo a entrada na Comissão teve que ser direcionada ao CNSU para sua aprovação. A Guiné, por sua vez, não tinha um grande conflito em curso nos anos recentes e nem operações de paz ou políticas que foram estabelecidas no país. Porém, o país sofria com a instabilidade de suas instituições políticas e estava cercado por conflitos em muitas de suas fronteiras (Mali, Costa do Marfim, Libéria e Serra Leoa). Porém, o fato de não haver grandes ondas de violência no país fazia com que a Guiné não integrasse a agenda do CSNU, com exceção de quando o Conselho tratava do leste da África. Assim, o país não tinha atenção política ou financeira da comunidade internacional por não ser considerada uma emergência. Dessa forma, o governo percebeu a entrada na PBC como uma possibilidade de obter atenção da comunidade internacional e realizou o pedido para entrar na PBC, em 2011 (QUICK, 2016).

Esses seis países formaram, então, a agenda da PBC por meio das CSCs. É necessário apontar que todos os países que integraram a Comissão como receptores de seu auxílio eram do continente africano, o que gerou críticas direcionadas à PBC, devido à falta de diversidade geográfica na composição de sua agenda (REVISÃO, 2010, 2015). Entretanto, conforme demonstrado nesta seção, os fatores políticos entre os Estados-membros das Nações Unidas foram decisivos para que essa fosse a formação da agenda da Comissão, assim como foram decisivos na não inclusão de mais países após 2011. Na Figura 5 a seguir, o mapa ilustra os países da PBC e seus respectivos anos de entrada.

Figura 3 – Mapa de países da PBC por ano de entrada

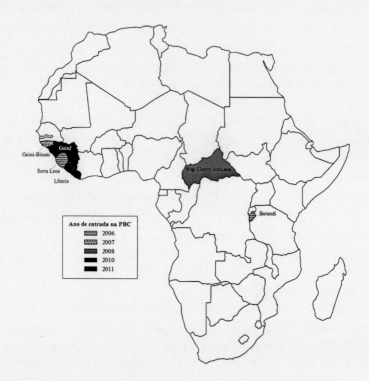

Fonte: a autora

Uma das consequências da entrada de países na agenda da PBC por causa de interesses políticos dos Estados-membros da ONU, ao invés de haver critérios estabelecidos, é a adição de países em diferentes estágios do conflito na Comissão (HEARN et al., 2015; BIERSTEKER, 2007). Entre os seis países que integram a agenda da PBC, Burundi e Serra Leoa estraram durante o período de finalização das operações de paz e a substituição por missões políticas; por sua vez, a RCA e a Libéria tinham operações de paz em curso no momento que integraram a agenda da PBC; por fim, os casos da Guiné e Guiné-Bissau não havia conflitos eminentes e nem operações de paz em curso ou finalizadas em ambos os países. Apesar de a ideia da PBC ser trabalhar caso a caso e desenvolver estratégias de peacebuilding, de acordo com as conjunturas específicas de cada país, essa falta de convergência dificultava a coordenação das atividades e dos métodos de trabalho dentro da PBC e entre a PBC e o resto do sistema ONU.

A PEACEBUILDING COMMISSION DAS NAÇÕES UNIDAS:
UM BALANÇO DOS PRIMEIROS QUINZE ANOS (2005 – 2020)

Outro ponto que deve ser observado é que, desde 2011, com a adição da Guiné, não há a entrada de novos países na agenda da PBC, conforme ilustrado no mapa anterior. Há algumas razões para isso: primeiro, os países não sabiam muito bem o que a PBC fazia, por ser uma estrutura nova dentro do sistema ONU. Especialmente, os primeiros países que se candidataram à agenda da Comissão não sabiam exatamente o que isso ia requerer deles e o fizeram por pressão externa ou para conseguirem maior entrada para auxílios políticos e financeiros, visto que se encontravam à margem da agenda de prioridades de auxílio da comunidade internacional (CAVALCANTE, 2019; NAÇÕES UNIDAS, 2010c, 2015b).

A segunda razão que pode ser apontada é que a entrada de um país na PBC era percebida como um "atestado de falha". Ao tentar apontar as possíveis causas para que não tenham mais países na agenda da PBC, a Revisão de 2010 ressalta que "Placement on the agenda may be seen as an indication of dysfunctionality" (NAÇÕES UNIDAS, 2010c, p. 14). Além disso, há indícios que os países percebem a atuação da PBC como muito intrusiva, a despeito de *national ownership* ser ressaltada como um de seus princípios. Isso ocorre pois, nas CSCs, a Comissão trabalha diretamente com as autoridades dos países fazendo com que esses tenham que prestar contas sobre a realização dos projetos de peacebuilding. As Revisões de 2010 e 2015 indicam como recomendação que a PBC considere formas mais flexíveis de trabalho (NAÇÕES UNIDAS, 2010c, 2015b).

Ainda nesse sentido, a PBC não estabeleceu critérios para a saída dos países de sua agenda, o que já tinha sido criticado em algumas revisões anuais da PBC realizadas pelo SGNU, conforme descrito no Capítulo 2. Ao realizar uma entrevista com um diplomata de um dos países da agenda da PBC, Cavalcante transcreve que "being on the agenda of the PBC itself gives a different picture of that country to the world, so no country really wants to be there. And when you are there, you do not want to be there forever" (CONFIDENCIAL A, 2012 *apud* CAVALCANTE, F., 2019, p. 248). Apesar disso, é importante reforçar que os países podem se retirar a qualquer momento da agenda da PBC, se assim desejarem.

A terceira razão é a falta de confiança dos Estados-membros e de outros órgãos da ONU na PBC. A Comissão teve algumas vitórias no início de sua operação, principalmente em relação à mobilização de recursos para Burundi e Serra Leoa nos primeiros anos. Porém, as escaladas de violência e golpes de Estado que ocorreram na Guiné-Bissau e na RCA, enquanto essas estavam na agenda da PBC, aumentou o questionamento da comunidade internacional sobre a Comissão. Apesar da escalada de violência nesses países ter como causas fatores internos, a PBC não soube como se posicionar durante as crises em ambos os países, o que foi determinante para o aumento dos questionamentos em relação aos métodos de trabalho da Comissão (ABDENUR; SOUZA NETO, 2016; HEARN *et al.*, 2015; von BEIJNUM, 2016). Nos períodos de crise, entre 2012 e 2014, a PBC quase não desenvolveu atividades na Guiné-Bissau e na RCA.

Por fim, uma das principais razões que pode ser apontada para a falta de países na agenda da Comissão é a manutenção de alguns casos sob domínio do CSNU, ao invés de encaminhá-los à PBC. A aprovação de países para integrarem a Comissão é altamente dependente do Conselho de Segurança. Embora haja alguns caminhos por meio dos quais um país pode integrar a agenda da PBC, se este se encontra na agenda do CSNU, precisa de sua aprovação para entrar na Comissão. Nos casos do Burundi, Serra Leoa e Guiné-Bissau, os países foram encaminhados pelo CSNU à PBC. Porém, nos casos da RCA que recorreu diretamente à Comissão e a Libéria que enviou um pedido ao SGNU, ambos os casos tiveram que ser aprovados pelo CSNU, pois tinham operações de paz em curso. O único da agenda da PBC que não passou pela aprovação do CSNU foi a Guiné, pois recorreu diretamente à Comissão e não estava na agenda do Conselho.

Adicionalmente, não há atividades de peacebuilding sendo desenvolvidas apenas pela PBC no sistema ONU. A Revisão periódica de 2020 cita 39[51] países e regiões que têm algum tipo de atividade de peacebuilding sendo realizada pelas Nações Unidas, entre os quais apenas 6 integram a agenda da PBC (NAÇÕES UNIDAS, 2020). Nos últimos anos, a PBC tem flexibilizado seus métodos de trabalho e mais países têm suas estratégias de peacebuilding aconselhadas pela Comissão. Ao invés de passarem pelo processo de integrar a agenda da PBC e ter uma CSC criada para aquele país, as matérias têm sido levadas para discussão dentro do OC.

O Gráfico 1 a seguir representa países e regiões mais discutidos pela PBC no período entre 2006 e 2020. Ele foi formulado a partir da construção de uma base de dados do site de documentos da Comissão[52], possibilitando

---

[51] Esse número de países foi obtido por meio das menções de atividades de peacebuilding da Revisão de 2020. Os 39 países e regiões são: Afeganistão, Burkina Fasso, Burundi, Camboja, Chade, Colômbia, Costa do Marfim, Equador, Gâmbia, Grandes Lagos, Guatemala, Guiné, Guiné-Bissau, Haiti, Honduras, Iêmen, Ilhas Salomão, Iraque, Lago Chade Basin, Libéria, Líbia, Malaui, Mali, Mianmar, Moldova, Níger, Oeste da África e Sahel, Papua Nova Guiné, Quirguistão, República Centro Africana, República Democrática do Congo, Serra Leoa, Somália, Sri Lanka, Sudão do Sul, Tunísia e Uganda (NAÇÕES UNIDAS, 2000).

[52] É possível encontrar os dados mencionados anteriormente na aba de documentos do site da PBC. PEACEBUILDING COMMISSION. Documents. Disponível em: https://www.un.org/peacebuilding/documents. Acesso em: 12 set. 2022.

com que seja possível a visualização dos países que têm maior frequência dos trabalhos da PBC, tanto sob o CSC quanto sob o OC. De fato, os países que envolveram mais trabalhos da Comissão são os seis países que integram sua agenda. Porém, é possível observar o engajamento da PBC exercendo seu papel de aconselhamento em relação à Burkina Fasso e Gâmbia.

É possível observar que a dimensão regional de peacebuilding também esteve presente na Comissão, com seu envolvimento nas regiões do Sahel, oeste da África e na região dos Grandes Lagos. A partir de 2016, a Comissão ampliou seu engajamento nessas regiões, pois envolvia também os países de sua agenda (NAÇÕES UNIDAS, 2017, 2018, 2019). Além disso, a flexibilização do engajamento da PBC permitiu seu envolvimento em outras regiões geográficas para além do continente africano como Sri Lanka, Papua Nova Guiné, Ilhas Salomão, Quirguistão e Colômbia.

Gráfico 1 – Países discutidos pela PBC entre 2006 e 2020 (agenda e não agenda)

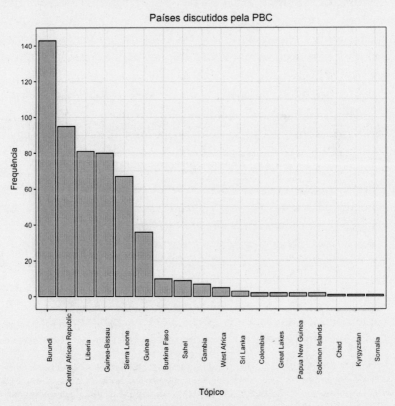

Fonte: a autora, com base no site da Peacebuilding Commission

Apesar de a flexibilização do método de trabalho da PBC, provendo aconselhamento periódico por meio do OC, ao invés da criação de CSCs, há 18[53] do total de 39 países com atividades de peacebuilding que, no período analisado, não tiveram nenhuma relação com a Comissão. A maioria desses foram mantidos na agenda do CSNU, por meio de operações de paz multidimensionais que incluem atividades de peacebuilding, entre quais é possível citar como exemplo Afeganistão, Iraque, Costa do Marfim, República Democrática do Congo e Sudão do Sul (von BEIJNUM, 2016; HEARN *et al.,* 2015). A partir disso, é possível inferir que a PBC tem pouco domínio sobre sua agenda. Mesmo nas atividades de peacebuilding para as quais deveria prestar aconselhamento, assim como determinado pela Resolução (A/RES/60/180-S/RES/1645), ela não é incluída em todos os casos.

Outro instrumento utilizado pelas CSCs foram os *frameworks*, que são as estratégias de peacebuilding formuladas pelas configurações de cada país para guiar as áreas prioritárias de atuação. Os *frameworks* são formulados a partir das discussões entre o CSC e partes de interesse dos países envolvidos, em sua maioria, representantes dos governos. Assim, esses documentos são um bom ponto de partida para que a PBC compreenda a conjuntura do país e esboce estratégias iniciais de atuação para a consolidação da paz (TSCHIRGI; PONZIO, 2016).

Os dois primeiros *frameworks* para os casos de Serra Leoa e Burundi levaram um longo tempo para sua elaboração, em um processo de mais de um ano de discussões com os atores locais para que fosse aprovado pelos países. Já os *frameworks* dos outros quatro países foram elaborados e aprovados em um período menor, o que é compreensível já que a PBC era um órgão recém-estabelecido e ainda estava no processo de estabelecer seus métodos de trabalho. Porém, Tschirgi e Ponzio (2016) ressaltam que nos casos seguintes adicionados à PBC, Guiné-Bissau e RCA, os *frameworks* passaram a exibir um padrão que replicava os *frameworks* de Serra Leoa e Burundi. Esse padrão era contraditório com o propósito da PBC e das CSCs que previam o trabalho individual levando em conta os contextos e especificidades de cada país de sua agenda.

Outro problema apontado sobre os *frameworks* é o fato deles serem muito generalistas, apesar das revisões periódicas programadas dentro de cada CSCs para ajustar as estratégias de peacebuilding. Isso ocorre pois os

---

[53] Os 17 países são: Afeganistão, Camboja, Equador, Guatemala, Haiti, Honduras, Iêmen, Iraque, Líbia, Malaui, Mali, Mianmar, Moldova, Níger, República Democrática do Congo, Sudão do Sul, Tunísia e Uganda. Dados obtidos com base na Revisão 2020 cruzado com os dados do site da PBC. Para mais informações, ver: PEACEBUILDING COMMISSION. Documents. Disponível em: https://www.un.org/peacebuilding/documents. Acesso em: 12 set. 2022.

documentos indicam as áreas prioritárias de ação, como Reforma do Setor de Segurança, reconciliação nacional e Estado de direito, mas falham em detalhar como será a sequência e especificidades a partir das quais esses planos serão implementados (SCOTT, A., 2012).

Alguns autores também apontam que os *frameworks* são redundantes em relação a documentos e estratégias nacionais já existente nesses países ou até mesmo replicaram o que estava presente nelas. É possível observar que a maioria dos países da PBC em algum momento tinham em vigor *Poverty Reduction Plan* ou *Paper* ou um *National Recovery Plan*, os quais esboçavam mecanismos de implementação das mesmas áreas prioritárias dos *frameworks* (JENKINS, 2013; PONZIO, 2007; SCOTT, 2012; TSCHIRGI; PONZIO, 2016). Jenkins vai além e afirma que "post-conflict countries had reached the point of framework saturation" (JENKINS, 2013, p. 79). Nos últimos cinco anos do período analisado, é possível notar que as CSCs, ao invés de reestruturarem os *frameworks*, passaram a focar no auxílio da implementação desses planos já existentes, por meio da manutenção da atenção da comunidade internacional nesses países e da atração de financiamentos para que pudessem ser implementados.

Além desses fatores, o bom funcionamento das CSCs também era altamente dependente de quem ocupava a presidência de cada configuração (HEARN *et al.,* 2015). Primeiro, havia uma preferência por parte dos países da agenda que o presidente de sua configuração fosse ocupada por algum país que estivesse entre aqueles com as maiores contribuições financeiras. Isso ocorria, pois "the host governments saw the PBC as an 'ATM' at the UN and were reluctant to have non-donor countries chairing the CSCs" (TSCHIRGI; PONZIO, 2016, p. 45). No Gráfico 4, que se encontra na sessão do PBF, é possível notar que os maiores contribuidores para o Fundo são países do norte global. Esse é um fator determinante, pois, no caso da decisão sobre quem ocupariam a presidência da CSC para Serra Leoa, por exemplo, o país rejeitou a candidatura de El Salvador, dando preferência aos Países Baixos, que sempre se encontrou entre os 10 maiores dadores ao PBF. Entretanto, somente o fator da contribuição financeira não era suficiente para garantir o bom funcionamento da CSC. Em outra ocorrência, Ian Quick expressa que a falta de proximidade política entre Guiné e Luxemburgo (presidente da CSC para a Guiné) causou alguns problemas para o desenvolvimento das atividades no país, que também não tinha escritórios de peacebuilding da ONU em campo (QUICK, 2016).

Apesar de a maior parte dos trabalhos creditados à PBC terem ocorrido dentro das CSCs, uma vez que era a principal novidade em relação a métodos de trabalho com peacebuilding dentro do sistema ONU, é importante ressaltar alguns dos desenvolvimentos que ocorreram dentro das outras duas estruturas da Comissão: o *Organizational Committe* e o *Working Group on Lessons Learned*. Em relação ao OC, é a configuração intergovernamental que reúne os 31 membros da PBC eleitos, segundo os critérios estabelecidos pela resolução A/RES/60/180-S/RES/1645. Nos primeiros anos da PBC, o Comitê encarregou-se principalmente de aprovar regras procedimentais sobre a operacionalidade da Comissão.

Entretanto, devido ao fato de a Resolução ter decidido que a PBC devia operar na base do consenso, isso levou a demora em diversos processos decisórios iniciais da Comissão, pois, na prática, isso resultava em cada um dos 31 membros deterem o equivalente a um poder de veto. As discussões sobre a inclusão de atores da sociedade civil, organizações regionais e IFIs nos CSCs durou quase a totalidade do período da primeira sessão. E, ainda assim, ao final, foi possível a aprovação da participação somente de organizações regionais e de IFIs, porém o OC não havia conseguido chegar a um consenso em relação à sociedade civil[54] (NAÇÕES UNIDAS, 2007a). Em relação a esse problema, Biersteker afirma que a o número final de membros da PBC foi maior do que o pensado inicialmente e, somada a votação por consenso, isso poderia causar problemas burocráticos para o funcionamento da Comissão (BIERSTEKER, 2007), o que, de fato, ocorreu.

A partir de 2014, o OC começou a ter maior peso dentro da estrutura da PBC, pois a Comissão passou a discutir casos e providenciar aconselhamento em relação à peacebuilding para outros países que não estivessem em sua agenda dos CSCs, o que ocorre dentro do OC. Essa mudança pode ser percebida no Gráfico 1, pois, apesar de não haver a mesma quantidade de

---

[54] Essas discussões são apresentadas na Revisão Annual da primeira sessão da PBC, nos parágrafos 8 e 9, que declaram: "8.In October 2006, the Organizational Committee established an ad hoc working group on pending issues to address those aspects which needed further elaboration in the provisional rules of procedure, especially the implementation of paragraph 9 of General Assembly resolution 60/180 and Security Council resolution 1645 (2005) concerning the participation of the World Bank, the International Monetary Fund and other institutional donors, as well as the modalities for civil society participation in meetings of the Commission. In this regard, the Organizational Committee took a decision on 16 May 2007 to extend standing invitations to the International Monetary Fund, the World Bank, the European Community and the Organization of Islamic Conference to participate in all meetings of the Commission, with the exception of certain meetings of the Organizational Committee which may be deemed by the Chairperson, in consultation with Member States, to be limited only to Member States (see PBC/1/OC/14). 9.The Ad Hoc Working Group on Pending Issues succeeded in finding a formula that would ensure active and productive participation of civil society, including non-governmental organizations which are most relevant to peacebuilding efforts in the countries under consideration, with particular attention to women's organizations and the private sector. The provisional guidelines were subsequently adopted on 6 June 2007 by the Organizational Committee on the understanding that they will be subject to review and evaluation after six months from the date of their adoption with a view to explore the possibility of their further development" (NAÇÕES UNIDAS. 2007a, p. 5-6).

trabalhos da PBC relacionados a esses países e regiões, quando comparados os países da agenda da Comissão, isso representa uma diversificação dos receptores do aconselhamento dado pela PBC.

Dentro das três subdivisões da PBC, o *Working Group on Lessons Learned* foi a que menos representou avanços para a agenda de peacebuilding da ONU. O WGLL foi idealizado para funcionar como um painel de discussões de boas práticas (*good practices*) de peacebuilding, a partir de experiências passadas nas Nações Unidas. Nos primeiros anos da PBC até 2014, o trabalho do WGLL era mais frequente, porém, a partir de 2015, mesmo as discussões acerca de boas práticas passam a ser conduzidas pelo presidente da PBC.[55] Ponzio e Tschirgi (2016) apontam umas razões para que o WGLL não tenha avançado no desempenho de seu papel: primeiro, não havia clareza sobre qual de fato era sua função; em seguida, eles apontam uma fraca liderança na condução do grupo; e a terceira e principal razão foi a falta de interesse dos Estados-membros no WGLL, especialmente dos países do P-5, que atribuíam diplomatas de menor nível para o grupo. No final, o WGLL tornou-se apenas "an informal discussion group without a strategic vision or agenda" (TSCHIRGI; PONZIO, 2016, p. 47).

O funcionamento da PBC passou por diversas modificações desde seu estabelecimento, visto que era um novo órgão intergovernamental sendo inserido em uma estrutura já existente e, portanto, sua sobrevivência institucional dependia de sua adaptação (BIERSTEKER; JÜTERSONKE, 2010). Ainda assim, é possível indicar que o Estados-membros das Nações Unidas não percebiam valor adicionado da Comissão, tanto para serem receptores de sua ajuda quanto na delegação de novos casos à PBC.

3.1.2 Os problemas gerados pela sobreposição das estruturas financeiras e burocráticas na Peacebuilding Architecture

3.1.2.1 PBF e a PBC

O Peacebuilding Fund foi criado em setembro de 2005 por meio das Resoluções A/60/180-S/RES/1645, responsável também pela aprovação da criação de toda a estrutura da Peacebuilding Architecture. O estabelecimento do fundo ocorreu, entretanto, apenas em setembro de 2006 (ASSEMBLEIA GERAL, 2006a). Ao detalhar os Termos de Referência de funcionamento do

---

[55] PEACEBUILDING COMMISSION. Documents. Disponível em: https://www.un.org/peacebuilding/documents. Acesso em: 12/09/2022.

PBF, o SGNU determinou que o gerenciamento do fundo seria realizado pelo PBSO sob a supervisão do Assistant Secretary-General (ASG) para o PBSO (ASSEMBLEIA GERAL, 2006b; KLUYSKENS, 2016). Porém, o gerenciamento financeiro do fundo é realizado pelo *Multi-partner Trust Fund Office* do PNUD (MPTF). Somado a isso, o fundo foi criado com o objetivo de servir como um apoio financeiro rápido, disponibilizando recursos de prontidão para situações críticas e de risco no processo de peacebuilding (ASSEMBLEIA GERAL, 2006b; MPTF/PNUD, 2023).

Entretanto, na prática, o PBF passou a ser dividido em duas frentes o *Immediate Response Facility* (IRF) e o *Peacebuilding and Recovery Facility* (PRF)[56], conforme demonstrado na Figura 6, a seguir. O IRF tem como função a disponibilização de recursos financeiros específicos para situações de emergência e crises no processo de paz com projeto a curto prazo. Alguns dos exemplos de situações para as quais o IRF é utilizado incluem crises políticas na mudança de governo e auxílio no processo de transição após a finalização de operações de paz da ONU. Por sua vez, o PRF aprova o financiamento para projetos de peacebuilding mais estruturados (Peacebuilding Priority Plans) que tem durações de médio a longo prazo. A função ocupada pelo IRF dentro do PBF é a que mais se aproxima da ideia originária, a partir da qual o Fundo foi criado, isto é, servir como um instrumento catalítico de resposta inicial às iniciativas de peacebuilding (KLUYSKENS, 2016; CAVALCANTE, 2019).

Figura 4 – Organograma da estrutura do Peacebuilding Fund

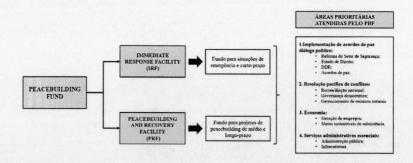

Fonte: a autora, a partir de Cavalcante (2019) e Kluyskens (2016)

---

[56] Segundo Cavalcante: "The IRF was previously known as the PBF Emergency Window (Window III), whilst the PRF was once divided between the PBF Window I (for countries on the PBC agenda) and Window II (for countries not on the PBC agenda, but declared eligible by the Secretary-General)" (CAVALCANTE, 2019, p. 241).

No estabelecimento do PBF, o SGNU determinou a meta de US$ 250 milhões em doações voluntárias para o início das atividades do Fundo, sendo esse montante alcançado apenas dois anos depois, em 2008. Entretanto, as altas contribuições iniciais que resultaram no alcance da meta de arrecadação diminuíram no decorrer dos anos seguintes, principalmente no período entre 2009 e 2016, com destaque para os anos de 2009, 2010 e 2013, que tiveram as menores contribuições anuais no período analisado.

A Revisão de 2015 apontou que durante esse período o financiamento continuava "escasso, inconsistente e imprevisível" (NAÇÕES UNIDAS, 2015, p. 39), colocando em risco o cumprimento das principais funções do Fundo, assim como adiando a entrega de alguns projetos (NAÇÕES UNIDAS, 2015b, 2020). Em alguns dos relatórios anuais sobre o fundo formulados pelo SGNU, foi expressa a preocupação de que as arrecadações anuais não conseguiriam superar os gastos dos projetos previstos pelo PBF (NAÇÕES UNIDAS, 2015a, 2017). Apesar disso, a partir de 2017, é notado uma nova crescente anual das doações ao PBF. No gráfico a seguir, é possível verificar as contribuições totais por ano para o PBF.

Gráfico 2 – Contribuições para o PBF por ano 2006-2020 (US$)

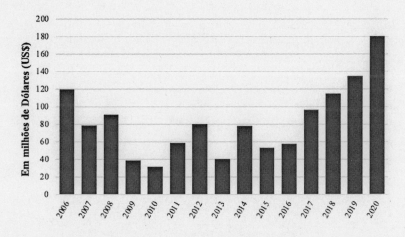

Fonte: a autora, com base em Multi-PartnerTrust Fund

Para receber o auxílio do PBF, o projeto de peacebuilding para um país específico deve ser aprovado pelo ASG do PBSO e atender ao critério de estar incluso a alguma das quatro áreas prioritárias atendidas pelo PBF, conforme apresentado na Figura 6. No início, o PBF foi idealizado para agir em conjunto com a PBC e disponibilizar o financiamento necessário para desenvolver as atividades de peacebuilding dos países que integrassem a agenda da Comissão e que, em sua maioria, recebiam pouco financiamento de outras fontes. De fato, nos primeiros anos de operação do fundo, a maior parte do orçamento aprovado era destinada aos países da PBC, entretanto, o Fundo passou a expandir suas atividades para países fora da PBC no decorrer dos anos.

No Gráfico 3 a seguir, observa-se inclusive que, a partir de 2015, o total acumulado de investimentos aprovados para países fora da agenda da PBC superou o financiamento recebido pelos países que integram a agenda da Comissão. Essa diferença continuou aumentando entre 2015 e 2020, demonstrando maior comprometimentos dos financiamentos do PBF com países que não integram a Comissão. Complementarmente, na Figura 4, são demonstrados o total de países com projetos aprovados pelo PBF por ano, assim vemos que não somente o montante acumulado de financiamentos para projetos de peacebuilding em países que não integram a PBC é maior, mas também que o Fundo tem expandido suas atividades em relação ao número de países auxiliados. Como não houve adições aos países da agenda da PBC desde 2011, o número de países da Comissão manteve-se em seis. Entretanto, novamente há uma grande discrepância, quando comparados aos número cada vez maior de países com projetos aprovados pelo PBF e que não integram a agenda da Comissão.

Gráfico 3 – Projetos aprovados pelos PBF (2006-2020)

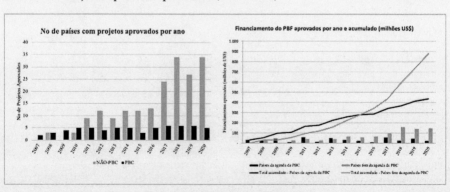

Fonte: a autora, com base em Multi-PartnerTrust Fund.

A PEACEBUILDING COMMISSION DAS NAÇÕES UNIDAS:
UM BALANÇO DOS PRIMEIROS QUINZE ANOS (2005 – 2020)

Nos primeiros anos de operação do PBF, havia uma forte correlação entre o país integrar a PBC e receber financiamento do Fundo, uma vez que este foi desenhado para atuar em sinergia com a Comissão (HEARN *et al.*, 2015; NAÇÕES UNIDAS, 2010c). Nesse sentido, no período inicial, o PBF era percebido como uma forma de incentivo para os países pedirem para integrar a agenda da Comissão (KLUYSKENS, 2016), porém não houve adições à PBC desde 2011. Além disso, um total de 55[57] países fora da Comissão receberam auxílio no período analisado. A Revisão de 2015 já evidenciava essa tendência que se fortaleceu ainda mais nos últimos anos "Early on, there was a relative alignment between those countries benefiting from attention and accompaniment by the Peacebuilding Commission and those receiving support from the Fund, but the past Five years or so have seen a divergence" (NAÇÕES UNIDAS, 2015b, p. 41-42).

Uma das explicações apontadas por Kluyskens (2016) e pela Revisão de 2015 para essa mudança é que a alocação dos recursos do PBF é aprovada dentro do Secretariado e este estaria mais sujeito a atender as demandas políticas dos principais doadores[58] que mantêm o caixa do Fundo e expressam insatisfação desses com as atividades desempenhadas pela PBC. Eles observam que a Comissão ainda não cumpre de maneira plena seu papel de mobilizar recursos para os países de sua agenda e, portanto, torna-se dependente apenas do PBF que deveria ser utilizado apenas como fundo de emergência. Além disso, a PBC também presumiu inicialmente que ela teria maior controle sobre as decisões do Fundo, porém elas foram concentradas no Secretariado e, em menor escala, no PNUD.

Como resultado disso, ocorre internamente uma divisão entre os Estados-membros sobre qual papel o Fundo deveria desempenhar. De um lado, há um grupo de países que defendem que o PBF deve concentrar seus esforços e recursos no auxílio dos países que estão na agenda da PBC. Porém,

---

[57] Os países que não integram a agenda da PBC que obtiveram a aprovação do financiamento de projetos de peacebuilding pelo PBF, entre 2007-2022, foram: Albânia, Benin, Bósnia e Herzegovina, Burkina Fasso, Camarões, Chade, Colômbia, Cômoros, Congo, Costa do Marfim, El Salvador, Equador, Etiópia, Filipinas, Gabão, Gâmbia, Guatemala, Haiti, Honduras, Iêmen, Ilhas Marshall, Ilhas Salomão, Kiribati, Kosovo, Lesoto, Líbano, Líbia, Madagascar, Mali, Mauritânia, Mianmar, Montenegro, Nepal, Níger, Nigéria, Papua Nova Guiné, Quênia, Quirguistão, República Democrática do Congo, República Dominicana, Ruanda, Sérvia, Somália, Sri Lanka, Sudão, Sudão do Sul, Tajiquistão, Tanzânia, Timor Leste, Togo, Tunísia, Tuvalu, Uganda, Ucrânia e Zimbábue. Essa lista foi compilada a partir das informações fornecidas pelos Relatórios Anuais do SGNU sobre o PBF MULTI-PARTNER TRUST FUND/PNUD. Peacebuilding Fund. Disponível em: https://mptf.undp.org/fund/pb000. Acesso em: 10 set. 2022.

[58] Entre os principais doadores entre 2007-2020, encontram-se frequentemente: Países Baixos, Suécia, Reino Unido, Canadá, Alemanha, Noruega e Espanha. Para mais informações, ver: MULTI-PARTNER TRUST FUND/ PNUD. Peacebuilding Fund. Disponível em: https://mptf.undp.org/fund/pb000. Acesso em: 10 set. 2022.

um outro grupo de países, incluindo entre esses os principais doadores, aponta que a PBF deveria expandir sua atuação para países fora da PBC que também precisam desses financiamentos para a manutenção da paz. É necessário ressaltar que os 10 maiores doadores do fundo são compostos por países da OCDE, mas apenas um país do P-5 (Reino Unido), conforme demostrado no Gráfico 4, a seguir.

Gráfico 4 – Top 10 países contribuidores para o PBF por ano (2007-2020)

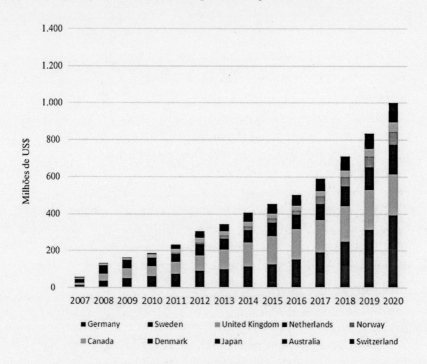

Fonte: a autora, com base em Multi-PartnerTrust Fund.

3.1.2.2 PBSO e a PBC

O *Peacebuilding Support Office* foi criado também em 2005 por meio das resoluções A/60/180-S/RES/1645, sendo o último elemento que completa a PBA juntamente com a PBC e o PBF. O PBSO passou a operar no meio de 2006, similar ao que ocorreu com a Comissão e com o Fundo. Inicialmente, foi determinado que o PBSO seria colocado dentro do *Executive Office of the Secretary General* (EOSG) e tendo como responsável para o seu gerencialmente um ASG for Peacebuilding Support. Ele foi estabelecido com o objetivo principal de ser o braço administrativo da PBA e de coordenar as iniciativas de peacebuilding desenvolvidas no sistema ONU.

Para esse fim, o PBSO é composto por três divisões internas: a primeira delas é o *PBC Support Branch*, responsável por dar suporte aos trabalhos desenvolvidos pela PBC e estabelecer contato com as atividades de peacebuilding desenvolvidas em campo e por outros fundos, programas ou agências da ONU, a segunda é o gerenciamento do PBF, e, por fim, o *Policy Planning and Application Branch,* cuja função consiste na criação e coordenação de iniciativas de peacebuilding dentro do sistema ONU (CHENG-HOPKINS, 2016; JENKINS, 2013). A Figura 4, a seguir, apresenta um organograma dos principais departamentos e divisões ligados com atividades de peacebuilding dentro do Secretariado das Nações Unidas.

Figura 5 – Estruturas de peacebuilding do Secretariado

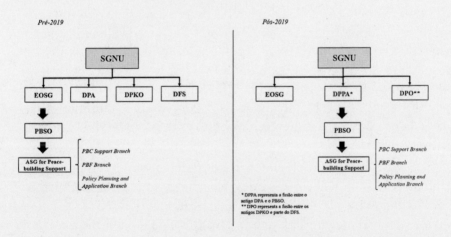

Fonte: a autora, com base em Cavalcante (2019), Cheng-Hopkins (2016) e Peacebuilding Support Office

Entretanto, algumas mudanças na estrutura do Secretariado ocorreram a partir de 2019, afetando também o PBSO. O então SGNU António Guterres apresentou uma proposta de reforma das Nações Unidas, em 2018, envolvendo primordialmente o Secretariado, com o objetivo de melhorar a efetividade na ONU (ASSEMBLEIA GERAL, 2018). Como resultado dessas propostas, algumas reestruturações ocorreram dentro do Secretariado, principalmente no pilar de paz e segurança. Assim, o antigo DPA passou a se chamar *Department of Peacebuilding and Political Affairs* (DPPA), ao qual também foi adicionado o PBSO. Além disso, o DPKO foi reestruturado sob o *Department of Peace Operations* (DPO), que desempenha também algumas das atividades antes realizadas pelo *Department of Field Suport* (DFS).[59] A partir dessa reestruturação, foi decidido que o DPPA seria responsável pelas atividades de peacebuilding e missões políticas e o DPO, pelas operações de peacekeeping (JACQUAND, 2020).

Inicialmente, o PBSO teve alguns problemas, quando começou a operar em 2016, contando com apenas 15 funcionários que foram realocados temporariamente de outros departamentos da ONU,[60] ao invés de ter funcionários permanentes, o que "created an atmosphere of impermanence and uncertainty" (JENKINS, 2013, p. 48). Somado a isso, o PBSO foi inserido dentro do Secretariado como o principal órgão para coordenar as atividades de peacebuilding, já que havia uma "lacuna institucional". Entretanto, isso causava uma sobreposição nas funções já desempenhadas pelo DPKO e pelo DPA. No caso o DPKO, com o aumento das operações de paz multidimensionais, o departamento acabou trabalhando com instrumentos de peacebuilding. Já o DPA firmou-se no final dos anos 1990 como o principal departamento que administrava peacebuilding dentro do Secretariado (CAVALCANTE, 2019). Dessa forma, o PBSO, ao ser incluído no Secretariado, disputava a mesma agenda administrativa já ocupada por órgãos já estabelecidos dentro do sistema ONU, causando disputas internas.

Nas Revisões periódicas de 2010 e 2015, a situação crítica do PBSO dentro do Secretariado é comparada aos constrangimentos institucionais e políticos sofridos pela PBC durante o mesmo período. É ressaltado na Revisão de 2010 que o PBSO "continues to struggle with the same issue that confronts the Commission in general: how to carve out a distinctive and leadership role in an Organization where peacebuilding functions are distributed across many departments and offices" (NAÇÕES UNIDAS, 2010c, p. 34). Cinco anos após, o PBSO ainda não havia se recuperado do

---

[59] Segundo Jacquand (2020), as atividades do extinto DFS foram divididas entre o DPO e um novo departamento, o *Department of Operational Support*.

[60] Cavalcante (2019) aponta que a ideia inicial do então SGNU, Kofi Annan, em 2016 era que o PBSO tivesse 21 funcionários com fundos de US$ 4,2 milhões. Entretanto, essas especificidades não foram aprovadas pela AGNU e o orçamento inicial foi fechado em US$ 1,6 milhões e funcionários realocados de outros departamentos. Complementarmente, Jenkins (2013) afirma que foram necessários 18 meses para que o total de 15 funcionários fossem alocados ao PBSO.

difícil início de sua operação, resultando, inclusive, em impedimentos para que este desempenhasse o papel de auxílio à PBC. Sobre esse problema, a Revisão 2015 destaca que

> 104. The Commission relies on its own secretariat, the Peacebuilding Support Office, to underpin its substantive activities. The Office was understaffed from the outset and has had to dedicate most of its scarce resources to providing secretarial support to the meetings of the Commission and the country-specific configurations, with little time for in-depth policy analysis on dealing with conflict-affected States or on what drives the recurrence of conflict (NAÇÕES UNIDAS, 2015b, p. 38).

Segundo a análise Hearn *et al.* (2015) sobre os primeiros dez anos da PBA, o PBSO ainda não havia se recuperado dos constrangimentos impostos à sua atuação por outros departamentos dentro do Secretariado das Nações Unidas (2015). Apesar do cenário desfavorável, alguns fatores contribuíam para que PBSO continuasse desenvolvendo suas atividades e aumento aos poucos seu reconhecimento dentro do Secretariado. Rob Jenkins (2013) aponta duas configurações institucionais que ajudaram nesse processo: a primeira é relacionada à decisão, em 2005, de determinar que o PBSO respondesse diretamente do SGNU por meio do EOSG, ao invés de alocá-lo dentro do DPA ou DPKO. Dessa maneira, não teriam a necessidade de passar pelo crivo de departamentos que o percebiam como um rival na competição pela agenda administrativa de peacebuilding. Somado a isso, ao longo dos anos, essa estrutura permitiu que o PBSO construísse uma relação mais próxima ao SGNU.

De maneira complementar, o segundo ponto indica que um dos caminhos que melhorou o estabelecimento do PBSO dentro do Secretariado foi o PBF. O Fundo representava uma nova fonte de financiamento dentro da ONU e, durante o processo de negociações para formulação do desenho institucional da PBA, tanto o DPA quanto o DPKO tentaram obter controle da administração do fundo, que ao final ficou sob responsabilidade do PBSO. Assim, o PBSO também se tornou um instrumento para que o SGNU pudesse emplacar suas próprias pautas dentro da organização (JENKINS, 2013).

Recentemente, a reforma proposta por António Guterres teve como um de seus objetivos melhorar a estrutura do Secretariado para evitar os problemas de disputas internas que culminavam na perda de eficácia dos departamentos. E, apesar do pouco distanciamento histórico desde a reestruturação do pilar de paz e segurança do Secretariado, Jacquand observa avanços em alguns aspectos. Entre eles, a reestruturação do PBSO dentro do DPPA levou a uma melhora na inclusão de peacebuilding nas agendas da organização, aumento contínuo das contribuições aos PBF nos últimos anos e uma aproximação no relacionamento entre o PBSO e o Banco Mundial (ASSEMBLEIA GERAL, 2020).

Em 2005, durante o processo de estabelecimento da PBA, parecia um movimento natural a criação de um novo escritório dentro do Secretariado para que fosse responsável pela parte administrativa, uma vez que havia uma "lacuna institucional" em peacebuilding. Entretanto, como pôde ser observado nessa seção, não somente o PBSO foi incluso em uma estrutura instrucional já operante dentro do Secretariado, como também foi inserido em uma estrutura institucional de *peacebuilding* já operante com o DPKO e o DPA. O PBSO foi mais um ator adicionado às disputas burocráticas desses dois departamentos. Dessa forma, a ideia de haver uma "lacuna institucional" em peacebuilding dentro das Nações Unidas parece contraditória. Portanto, é possível afirmar que "there was no gaping hole: on the contrary, it was a crowded field" (CHENG-HOPKINS, 2016, p. 248).

3.2 DISPUTAS POLÍTICAS E PATOLOGIAS INSTITUCIONAIS: EMPECILHOS PARA A PBC

Na seção anterior, foram analisados alguns problemas da atuação da PBC dentro da estrutura da PBA, no período entre 2005 e 2020. Especificamente, foram abordados os principais desafios para o funcionamento da Comissão e suas subdivisões internas, assim como os impactos das atuações do PBSO e do PBF na PBC. A partir disso, esta seção pretende expandir essa análise para a inserção da PBC dentro do sistema ONU, principalmente no que tange ao relacionamento triangular entre a Peacebuilding Commission, o Conselho de Segurança e a Assembleia Geral e como os desenvolvimentos políticos e institucionais do relacionamento entre esses três órgãos influenciaram no estabelecimento e nos trabalhos da Comissão.

Para este fim, a seção será dividida em duas partes: na primeira parte, explorarei como disputas históricas de poder dentro da ONU, como a divisão norte e sul dos Estados-membros e CSNU e Assembleia, tiveram um grande impacto no processo de reforma da ONU que ocorreu no início dos anos 2000 e, consequentemente, moldaram e influenciaram o desenho institucional da PBC; a segunda parte terá o recorte histórico a partir do início dos trabalhos da Comissão em 2006 e examinará como essas disputas históricas de poder de caráter político e institucional continuaram a colocar empecilhos para a atuação da Comissão.

3.2.1 Disputas políticas e institucionais no processo de criação da PBC (2004-2006)

Desde a criação das Nações Unidas no contexto pós-Segunda Guerra, permeiam internamente disputas políticas de poder entre norte e sul, espelhadas institucionalmente nas disputas históricas entre o Conselho de Segurança e a Assembleia Geral. Dentro da ONU, o norte global é associado aos países da Organização para a Cooperação e Desenvolvimento Econômico (OCDE) e ao domínio do CSNU por meio dos cinco membros permanentes (P-5)[61], devido ao poder de veto que esses possuem. Em oposição a isso, os países do sul global são formados majoritariamente pelos membros do Movimento dos Não Alinhados (MNA) e o G-77, grupos de articulação política que reúne países em desenvolvimento. O MNA e o G-77 defendem historicamente a articulação de suas pautas dentro do AGNU, pois é o órgão com a participação de todos os Estados-membros da ONU. Ao contrário do CSNU, que conta com apenas 15 assentos, dentre os quais 5 são dos membros permanentes e outros 10 são rotativos com termos de dois anos.

Essa divisão entre norte e sul global dentro da ONU se intensifica ainda mais no campo da segurança internacional. Segundo o documento fundador da ONU, a Carta das Nações Unidas, o CSNU é o principal órgão responsável pela manutenção da paz e segurança internacionais (NAÇÕES UNIDAS, 1945). Portanto, o domínio da agenda de segurança da organização ocorre pelo CSNU e, principalmente, pelos P-5 que detém o poder de veto em relação as decisões do Conselho. Há instrumentos de emergência como o *Uniting for Peace* (A/RES/377(V)), que, no caso de impasse dentro do CSNU, permite que seja convocada um Sessão Especial de Emergência para que a situação seja discutida pela AGNU (NAÇÕES UNIDAS, 1950). Entretanto, esse mecanismo só foi utilizado 12 vezes[62] desde sua criação em 1950, majoritariamente durante o período da guerra fria, com o congelamento do CSNU, ou em casos altamente politizados, como na questão da

---

[61] Mesmo Rússia e China não sendo da OCDE, também são membros permanentes do CSNU e tem o domínio da agenda de segurança dentro da ONU, oposto à posição ocupada pelo sul global.

[62] O *Uniting For Peace* pode ser invocado tanto pela AGNU quanto pelo CSNU. Desde sua criação já foi invocado em oito ocasiões pelo CSNU: Oriente Médio (1956); Hungria (1956); Oriente Médio (1958); Congo (1960); Bangladesh (1971); Afeganistão (1980); Oriente Médio (1982); Ucrânia (2022). E cinco vezes pela AGNU: Coreia (1951); Oriente Médio (1967); Palestina (1980); Namíbia (1981); Palestina (1997); Ucrânia (2022). Para mais detalhes ver: SECURITY COUNCIL REPORT. Security Council Deadlocks and Uniting for Peace: An Abridged History. Disponível em: https://www.securitycouncilreport.org/atf/cf/%7B65BFCF9B-6D27-4E9C-8CD3-CF6E4FF96FF9%7D/Security_Council_Deadlocks_and_Uniting_for_Peace.pdf. Acesso em: 12/09/2022

Palestina, em 1997, ou, mais recentemente, em 2022, na guerra da Ucrânia. Portanto, com raras exceções, a agenda de segurança da organização é mantida sob controle do CSNU.

Ao longo dos anos, houve algumas tentativas de reforma do CSNU para torná-lo mais representativo, já que sua configuração refletia a configuração de poder do pós-Segunda Guerra, principalmente em relação aos P-5 e seu poder de veto. Além disso, no momento da criação da organização, esta contava com apenas 51 Estados-membros, o que se expandiu para 193 membros até 2011.[63] A mais significativa expansão ocorreu em 1963 por meio da resolução A/RES/1991(XVIII) que aprovou o aumento do número de assentos não rotativos do CSNU de 6 para o total de 10, o que permanece na configuração atual. Entretanto, qualquer outra mudança não conseguiu ser impulsionada, pois as reformas no CSNU, além de serem aprovadas pela AGNU, precisavam da aprovação do CSNU — o que implicava na não utilização do veto pelo P-5. Assim, as agendas de reforma da ONU eram suprimidas pelos membros permanentes para que esses pudessem manter o controle sobre a agenda de segurança da organização (NAÇÕES UNIDAS, 1963; COX, 2011; THAKUR, 2004).

Desde o final dos anos 1990, o SGNU Kofi Annan reintroduziu a pauta da reforma não somente do CSNU, mas de algumas estruturas do sistema ONU para que essas refletissem a nova conjuntura internacional pós-Guerra Fria. Essa agenda de reformas ganhou mais tração nos anos 2000, com a preparação para o *World Summit* 2005 que marcava 60 anos das Nações Unidas, conforme discutido no Capítulo 1. Dentro das reformas propostas para as estruturas de paz e segurança pelo *High-level Panel*, em 2004, estava inclusa a primeira proposta da PBC. Entretanto, a principal agenda vinculada era a reforma do CSNU, a qual foi dedicada uma extensa porção do documento produzido pelo *High-level Panel*, apresentando algumas propostas (NAÇÕES UNIDAS, 2004).

Com tensões políticas entre os Estados-membros que dificultavam o avanço a reforma do CSNU, os países do G-77 e do MNA perceberam no projeto da PBC apresentado por Kofi Annan uma oportunidade para conseguirem algum nível de controle sobre a agenda de paz e segurança da ONU (BERDAL, 2008; HEARN *et al.*, 2015). Assim, esses grupos países começaram a articular algumas mudanças na proposta de Kofi Annan, uma vez que tinham algumas ressalvas, por exemplo, a retirada do mecanismo

---

[63] Para mais informações ver: NAÇÕES UNIDAS. Growth in the United Nations Membership. Disponível em: https://www.un.org/en/about-us/growth-in-un-membership. Acesso em: 12/09/2022.

de aviso prévio (*early warning*) ou qualquer instrumento de prevenção que envolvesse monitoramento, sugerindo que a PBC tivesse apenas funções ligadas ao pós-conflito e que de fato não foram incluídos na segunda proposta da Comissão, no *In Larger Freedom* (BERDAL, 2008; NAÇÕES UNIDAS, 2004; ANNAN, 2005a, 2005b).

Contudo, o principal ponto de ressalva do G-77 e do MNA era em relação à autoridade, isto é, a qual órgão a PBC deveria responder dentro do sistema ONU. Na primeira proposta, apresentada no *High-level Panel,* a Comissão seria estabelecida pelo CSNU. O único outro órgão citado em relação à autoridade é o ECOSOC, porém, este teria apenas um papel consultivo na constituição da PBC (NAÇÕES UNIDAS, 2004). Na tentativa de encontrar uma solução para esse problema, o SGNU sugeriu no *In Larger Freedom* que ambos, o ECOSOC e o CSNU, deveriam ter autoridade sobre a PBC. Entretanto, na tentativa de não causar uma disfunção sobre a quem a Comissão deveria reportar suas atividades, determinou-se que ela deveria responder primeiro ao CSNU e depois ao ECOSOC (ANNAN, 2005b).

Apesar das mudanças, Mats Berdal (2008) aponta que antes alguns países ainda tinham preocupações em relação a grande proximidade do CSNU da nova Comissão. Nesse sentido, a Malásia, em nome do MNA, expressou as posições do grupo em relação às principais pautas em preparação para o *World Summit.* No que tange à PBC, foi introduzida a ideia de que a AGNU deveria ser o principal órgão responsável pelo estabelecimento da PBC:

> 11. The Ministers welcomed the idea of establishing a Peacebuilding Commission. This notwithstanding, they reiterated that, without prejudice to the competence and respective roles of other principal organs of the United Nations in post-conflict peacebuilding activities, the *General Assembly must have the primary role in the establishment and the formulation of the mandate of the Peacebuilding Commission* and in the formulation and implementation of postconflict peacebuilding policies and activities (NAÇÕES UNIDAS, 2005b, grifo nosso).

Em setembro de 2005, durante o *World Summit* a criação da PBC foi aprovada no *Outcome Document,* contudo, não havia menções específicas sobre a autoridade a qual a Comissão deveria responder, apenas mencionava que a nova Comissão deveria submeter relatórios anuais à AGNU (NAÇÕES UNIDAS, 2005c). No período entre a aprovação da PBC no *Outcome Document,* em outubro de 2005, e o estabelecimento da PBC por meio da Resolução A/RES/60/180-S/RES/1645, em dezembro de 2005, ocorreram diversas reuniões informais nas Nações Unidas com disputas políticas sobre a quais órgãos a PBC deveria ser subsidiária.

Segundo Vladimir Kmec (2016), a principal disputa nas negociações tinha de um lado o P-5, propondo que apenas o CSNU tivesse autoridade sobre a PBC, e a maioria dos outros Estados-membros a favor de a PBC ser subsidiária da AGNU e do ECOSOC. Por sua vez, o autor afirma que a União Europeia — que forma a maior parte dos membros da OCDE — se, por um lado, era a favor da reforma do CSNU que não foi aprovada no *World Summit*, por outro lado, manter a PBC sob a autoridade do CSNU fazia com que a União Europeia continuasse tendo controle das atividades de peacebuilding da ONU. Isso ocorreria não somente por dois dos membros do bloco serem membros permanentes no CSNU (França e Reino Unido), mas também porque o bloco é um dos maiores contribuidores financeiros da organização.

No dia 20 de dezembro, foi aprovada a resolução de estabelecimento da PBC (A/RES/60/180-S/RES/1645) especificando que a Comissão seria subsidiária do CSNU e a AGNU *simultaneamente*, de acordo com os artigos 7, 22 e 29 da Carta das Nações Unidas (NAÇÕES UNIDAS, 2005d). No mesmo dia, o CSNU aprovou a resolução S/RES/1646 que decidia que o P-5 deveria ocupar 5 das 7 cadeiras designadas aos membros do Conselho dentro da Comissão e os outros 2 assentos selecionados para termos de 2 anos entre seus membros rotativos (NAÇÕES UNIDAS, 2005d). Na prática, essa ação do CSNU resultava no P-5 também ocupando assentos permanentes na PBC. Além disso, em face da determinação do *Outcome Document* sobre a submissão de relatórios anuais à AGNU, essa resolução do CSNU também implementou que esses relatórios deveriam ser submetidos ao Conselho (NAÇÕES UNIDAS, 2005d), equiparando a prestação de contas da nova Comissão aos dois órgãos.

O resultado aprovado para a estrutura da PBC obteve reações mistas, não agradando principalmente os países do sul global (G-77 e MNA) em dois principais aspectos, a questão da autoridade do CSNU sobre a PBC, assim como a inclusão do P-5 como membros permanentes da Comissão. Durante a reunião plenária da AGNU da votação da resolução A/RES/60, é possível observar o descontentamento desses grupos de países com a configuração final da PBC. Sobre a questão da autoridade do CSNU, algumas delegações expressaram isso em seus discursos:

> Mr. Stagno Ugarte (Costa Rica): [...] This error could have grave legal and political consequences and represents a threat to the integrity and authority of the General Assembly.
> Mr. Sen (India): The operationalization of the Peacebuilding Commission as a body subsidiary to both the General Assembly and the Security Council could give the Peacebuilding Commission a dual character in its organization and logical inconsistency in its working.
> Mrs. Miller (Jamaica): [...] we are concerned that the resolution has given too much of a predominant role to the Security Council in the operation of the Peacebuilding Commission, particularly in terms of oversight and mandate responsibilities. Such responsibilities should properly have been the sole purview of the General Assembly, thus strengthening its central position in the Organization.
> Mr. Sardenberg (Brazil): [...] On those two issues, the final version of the text fell short of the expectations of a very significant number of Member States, including my own. The text on those issues raises serious questions (ASSEMBLEIA GERAL, 2005, p. 8-16).

Sobre a inclusão do P-5 como membros permanentes na PBC, alguns países viram negativamente essa manobra como uma tentativa do P-5 de manter o controle em todas as agendas de paz e segurança da organização

> Mr. Akram (Pakistan): Furthermore, I must state with all possible vehemence that we have consistently argued against permanent membership of the Peacebuilding Commission and, indeed, of any other organ of the United Nations. We have been made aware, however, of the actions that have been taken in the Security Council, where the additional resolution (Security Council resolution 1646 (2005)) clearly contradicts the spirit of the resolution which we have adopted in the General Assembly and provides for permanent membership of the five permanent members of the Security Council. We consider that this development, at the very outset of the operationalization of the Peacebuilding Commission, is a most unfortunate one.
> Mrs. Miller (Jamaica): Jamaica is not in favour of any permanent membership on the Commission, and we are also disappointed that there seems to be an assumption that membership on the Commission should be a prerogative of the permanent members of the Security Council [...] (ASSEMBLEIA GERAL, 2005, p. 10-14).

Por outro lado, os países do P-5 que se pronunciaram — EUA, França e Reino Unido —, outros países do norte global e seus aliados mostraram-se satisfeitos com o resultado alcançado e a importância que tinha esse momento de aprovação de um novo órgão intergovernamental dedicado exclusivamente a peacebuilding. A delegação da Austrália adicionou a isso, declarando "Let me also express my disappointment, frankly, with a lot of the tone of the discussion this morning, which is altogether far less enthusiastic than it ought to be, and far less enthusiastic, in our view, than this important moment warrants" (ASSEMBLEIA GERAL, 2005, p. 17).

O processo de criação da PBC estava inserido em um contexto maior de reformas da ONU que se iniciou ao final dos anos 1990, mas foi intensificado entre 2004 e 2005, em vista do marco de 60 anos das Nações Unidas. As iniciativas de reformas lideradas pelo então SGNU Kofi Annan, especificamente a reforma do Conselho de Segurança (KMEC, 2016; HEARN *et al.*, 2015; BIERSTEKER, 2007; PONZIO, 2007), foram frustradas pelas disputas políticas entre norte e sul que se traduziram historicamente na ONU em disputas institucionais entre o CSNU e AGNU, respectivamente.

É nesse contexto de disputas que se fortaleceu a proposta da criação da PBC, pelo G-77 e MNA, uma vez que a agenda de reforma do CSNU para torná-lo mais representativo não estava tendo tração interna nas Nações Unidas. O resultado foi a criação da PBC durante o *World Summit 2005*, assim como a criação do Conselho de Direitos Humanos, conforme mencionado no Capítulo 1. Assim, a criação desses dois novos órgãos governamentais representou ao menos um resultado concreto dentro de um projeto de reforma que não alcançou os objetivos esperados.

Apesar de obterem o sucesso de estabelecer não somente a PBC, mas toda a estrutura da PBA, o que cumpria com a necessidade apontada desde o Relatório Brahimi de "preencher a lacuna institucional" relacionada a peacebuilding, o desenho final da Comissão desagradou a muitos Estados-membros. O processo de negociações para o estabelecimento da PBC foi altamente politizado, tendo de um lado os países do MNA e G-77 na tentativa de ter algum domínio sobre a agenda de paz e segurança e de outro lado os países da OCDE e P-5, impedindo com que o domínio dessa agenda saísse de sua esfera de poder. A partir dessas disputas, a versão final da PBC, apresentada pela Resolução (A/RES/60/180-S/RES/1645), teve diferenças substanciais em relação à primeira versão apresentada pelo *High-level Panel*, em 2004. Mesmo com o G-77 e MNA não conseguindo a autoridade total da PBC para a AGNU, a versão final equipara a autoridade sobre o novo órgão pela Assembleia Geral e o CSNU. Porém, o posicionamento institucional da PBC pode ter consequências para a efetividade de sua operação, devido ao conflito de interesse entre esses dois órgãos (KMEC, 2016), o que se provará verdadeiro, conforme será apresentado na seção a seguir acerca dos primeiros anos de atuação da Comissão.

3.2.2 Disputas políticas e institucionais no desenvolvimento das atividades da PBC (2006-2020)

O contexto de disputas políticas e institucionais que permeou todo o processo de negociação para o estabelecimento da PBC foi refletido no desenvolvimento das atividades da Comissão nos seus primeiros anos de funcionamento. No início de suas atividades, a PBC esteve focada na elaboração de suas regras de funcionamento e métodos de trabalho, o que resultou em uma lentidão nos resultados que a Comissão conseguiu nos primeiros anos (BIERSTEKER, 2007).

Além disso, a PBC tornou-se, nesse período inicial, um centro catalizador para as disputas institucionais e políticas entre AGNU e CSNU — e em menor escala ECOSOC[64] — sobre qual órgão teria mais influência sobre a recém-estabelecida Comissão. A exemplo desse cenário de competição por influência, o processo de elaboração da primeira revisão anual foi atrasado, devido a discordâncias entre CSNU e AGNU. Scott (2014) descreve esse processo e as disputas envolvidas

> Suggestions were made for the Council to incorporate PBC inputs more fully into its work. These created perceptions of a Council power-grab. The General Assembly held its own review meeting, where G-77 countries expressed concern at the Council's 'premature' evaluation of the PBC and upheld the General Assembly's prerogatives (SCOTT, 2014, p. 14).

Essa competição por influência sobre a PBC dificultava o desempenho de uma das funções designadas à Comissão que era o melhoramento da coordenação dos atores envolvidos nas iniciativas de peacebuilding (NAÇÕES UNIDAS, 2005d). Assim, é possível observar que, além de a PBC ter sido criada em meio a essas disputas históricas, também lhe foi atribuído o papel de tentar resolvê-las na esfera de peacebuilding. Somado a isso, a

---

[64] ECOSOC é apontado em menor escala nesse caso, pois, apesar de a PBC servir como *advisory body* para o ECOSOC, ela não tem a obrigação de "prestar contas" por meio dos relatórios anuais, como ocorre com a AGNU e o CSNU, de acordo com a resolução (A/RES/60/180-S/RES/1645).

Comissão também deveria realizar essa tarefa com dois órgãos superiores na hierarquia institucional do sistema ONU.

Como resultado dos constrangimentos institucionais desses anos iniciais da PBC, a primeira Revisão Periódica de 2010 é permeada pelo tom de desapontamento com o desempeno da Comissão durante o período analisado, frequentemente indicando que ela não cumpriu com a expectativas de 2005. Não obstante, o relatório afirma que a PBC parece deslocada dentro do sistema, uma vez que não seu aconselhamento não foi frequentemente requisitado pela AGNU, CSNU e ECOSOC, em relação a peacebuilding, com exceção dos países das CSCs encaminhados para compor sua agenda. Em geral, além das disputas por influência entre CSNU e AGNU sobre a PBC, nesse primeiro período, foi estabelecido pouco diálogo entre os órgãos. A Revisão 2010 aponta que se, por um lado, o CSNU acredita que a PBC se desenvolveu aquém das expectativas de 2005, por outro lado, a Comissão alega ter sido pouco procurada pelo CSNU (NAÇÕES UNIDAS, 2010c). Empecilhos ainda maiores foram colocados pelo P-5 dentro do Conselho, pois "A common critique from the P5 has been that the PBC has added little value to the Council's work [...] the P5 does not like taking advice from anyone" (SECURITY COUNCIL REPORT, 2017, p.4). Apesar de não querer interferência em sua agenda, o CSNU buscava manter a Comissão sob sua zona de controle dentro do sistema ONU.

Assim, como determinado pela Resolução A/RES/60/180-S/RES/1645, o relatório de revisão periódica foi submetido ao CSNU e AGNU. Ambos os órgãos produziram resoluções similares, aprovando a Revisão em termos gerais, requerendo apenas que os atores envolvidos auxiliem no processo de melhora da efetividade da PBC[65] e pedindo por uma nova revisão em cinco anos (ASSEMBLEIA GERAL, 2010a; CONSELHO DE SEGURANÇA, 2010b). Além disso, tanto na AGNU quando no CSNU, não houve discussões sobre a revisão, sendo as respectivas resoluções adotas em consenso (ASSEMBLEIA GERAL, 2010b; CONSELHO DE SEGURANÇA, 2010c).

O período entre a Revisão de 2010 e a Revisão de 2015 foi o mais crítico para a PBC, pois era dominante a percepção institucional de que a Comissão não tinha comprido com as expectativas depositadas em sua criação. O último país adicionado à Comissão foi a Guiné e, a partir de então,

---

[65] E ambas as resoluções, o texto sobre melhora da efetividade da PBC é igual: "Requests all relevant United Nations actors to take forward, within their mandates and as appropriate, the recommendations of the report, with the aim of further improving the effectiveness of the Peacebuilding Commission;" (ASSEMBLEIA GERAL, 2010a, p. 1; CONSELHO DE SEGURANÇA. 2010b, p. 1).

não houve novas adições à agenda das CSCs, consideradas a principal forma de atuação da PBC. A partir de 2014, o presidente da PBC no período, Emb. Patriota, iniciou um processo de incluir uma abordagem regional para a agenda de peacebuilding nas regiões do Sahel e Oeste da África que incluíam a maior parte dos países da agenda da Comissão (SECURITY COUNCIL REPORT, 2017). Essa abordagem regional buscava contornar o problema de que nenhum novo país tinha sido adicionado a agenda da PBC, por meio da flexibilização dos métodos de trabalho da Comissão, promovendo discussões dentro do OC, ao invés da criação de Configurações fixas.

Além disso, por meio da iniciativa de Ruanda, passou a ocorrer a organização de reuniões periódicas entre Estados-membros da PBC e do CSNU com o objetivo de discutir caminhos para melhorar as relações entre os dois órgãos (SECURITY COUNCIL REPORT, 2017). É necessário reforçar também que houve tentativas de mudanças na atuação da PBC por meio da implementação de *Road Maps*, conforme apresentado no Capítulo 2, entretanto, os planejamentos não apresentavam melhoras substantivas nos problemas apontados pela Revisão de 2010.

Apesar das mudanças que começaram a ser implementadas em 2014, os seus resultados se tornaram mais aparentes apenas após a Revisão de 2015. Portanto, era presente a percepção institucional da Comissão ainda não havia melhorado e talvez essa percepção tivesse sido agravada pela eclosão de novas ondas de violência em dois países de sua agenda, RCA e Guiné-Bissau. O resultado disso foi a divulgação de uma revisão periódica, em 2015, que apresentava um tom mais sério e urgente sobre a necessidade de melhora da eficácia da atuação da PBC (NAÇÕES UNIDAS, 2015b).

A partir de 2014, entretanto, a PBC iniciou um processo de aproximação com o CSNU desempenhando seu papel de aconselhamento, por meio de um método de trabalho mais flexível com o OC. Na Tabela 3 a seguir, é apresentada uma tabela que demonstra quantitativamente e qualitativamente a aproximação entre os dois órgãos. Não somente houve um aumento no número de documentos disponíveis no site da PBC que representam o desempenho do papel de aconselhamento da PBC ao CSNU, a partir de 2014, mas também a inclusão de novas pautas como o aconselhamento na renovação de operações de paz e missões políticas (UNWAS e UNIOGBIS).

Tabela 3 – Número de documentos representando aconselhamento da PBC ao CSNU (2006-2020)

Revisão	Ano	No Documentos	Pautas principais
REVISÃO 2010	2006	3	Entrada de países na PBC, atualização de alguns casos das CSCs ao CSNU (RCA e Guiné-Bissau e em 2010 preparações para a revisão periódica
	2007	6	
	2008	2	
	2009	2	
	2010	10	
REVISÃO 2015	2011	11	Frequência maior de reportes dos países da agenda da PBC ao CSNU e aconselhamento sobre temáticas de peacebuilding
	2012	10	
	2013	6	
	2014	14	
	2015	15	
REVISÃO 2020	2016	15	Frequência maior de reportes dos países da agenda da PBC ao CSNU, não somente través de cartas, mas também através da participação do presidente da CSC na reunião do CSNU; Aconselhameno em questões regionais como Sahel e oeste da África e na renovação de mandatos (UNWAS e UNIOGBIS)
	2017	11	
	2018	20	
	2019	9	
	2020	11	

Fonte: a autora, com base em Peacebuilding Commission

Essa aproximação da PBC com o CSNU também culminou no aumento do número de países com processos de peacebuilding sendo aconselhados pela Comissão sem integrar sua agenda, por meio do OC, conforme discutido na seção 3.1.1 deste capítulo. Entretanto, é necessário apontar que alguns países que tinham processos de peacebuilding em curso, mas eram da agenda de interesse do CSNU — principalmente do P-5 — não eram referidos à PBC, mesmo após essa aproximação, ficando sob a tutela exclusiva do Conselho de Segurança. Alguns exemplos que seguem esse padrão são Afeganistão, Iraque, Mali, Líbia e Iêmen. Apesar de a Revisão de 2020 expressar que houve uma aproximação também da PBC com o ECOSOC[66] e com a AGNU, essa não ocorreu no mesmo nível do que a aproximação com o CSNU.

3.3 A PBC CUMPRIU COM AS FUNÇÕES ESPERADAS EM SUA CRIAÇÃO DURANTE 15 PRIMEIROS ANOS DE ATUAÇÃO?

Nas seções anteriores deste capítulo, foram analisadas as atividades da PBC em seus primeiros quinze anos (2005-2020). Na seção 1, foram analisados aspectos mais específicos de funcionamento internos da PBC

---

[66] No site da Comissão, são creditados 16 documentos que expressam o trabalho da PBC com o ECOSOC entre (2006-2020), sendo esses mais frequentes a partir de 2018 até 2020, incluindo algumas reuniões em conjunto para discutir pautas relacionadas à peacebuilding na região do Sahel. Em relação à AGNU, há apenas ocorrências referentes ao processo de revisão periódica e anual. Para mais informações, ver: https://www.un.org/peacebuilding/documents?date%5Bvalue%5D%5Byear%5D=&field_documents_type_tid=All&field_documents_topic_tid=All.

e a relação da Comissão com os outros órgãos da PBA, o PBF e o PBSO. Já na seção 2, foi proposta uma análise da PBC dentro do sistema ONU, principalmente no que tange a seu relacionamento com a AGNU e CSNU e os constrangimentos institucionais e políticos causados por essa relação. Assim, a partir das discussões anteriores, esta seção propõe a análise do comprimento das funções da Comissão durante o recorte temporal analisado.

Segundo a Resolução de estabelecimento da PBC (A/RES/60/180-S/RES/1645), foram delegadas as seguintes funções à Comissão:

> (a) To bring together all relevant actors to marshal resources and to advise on and propose integrated strategies for post-conflict peacebuilding and recovery; (b) To focus attention on the reconstruction and institution-building efforts necessary for recovery from conflict and to support the development of integrated strategies in order to lay the foundation for sustainable development; c) To provide recommendations and information to improve the coordination of all relevant actors within and outside the United Nations, to develop best practices, to help to ensure predictable financing for early recovery activities and to extend the period of attention given by the international community to post-conflict recovery (NAÇÕES UNIDAS, 2005d, p. 2).

Para o propósito de análise desta obra, irei decompor as funções da PBC em quatro categorias, de acordo com o que foi determinado pela resolução: (1) mobilização de recursos para peacebuilding pós-conflito; (2) aconselhamento e implementação de estratégias de peacebuilding pós-conflito; (3) manutenção da atenção política para os países de sua agenda; e (4) coordenar atores envolvidos em peacebuilding. As seções a seguir são dedicadas à análise de cada uma das categorias.

3.3.1 Mobilização de Recursos para Peacebuilding Pós-conflito

A mobilização de recursos para os projetos de peacebuilding dos países de sua agenda era uma das principais funções da PBC, não somente por meio do PBF, mas também buscando financiamentos externos mediante a construção de pontes com IFIs e até mesmo com o setor privado. Inicialmente, era esperado que a conexão entre o PBF e a Comissão funcionasse como um incentivo para a entrada de países da agenda da PBC, o que no decorrer do período analisado não se provou verdadeiro, conforme apresentado na seção dedicada ao Fundo.

Inicialmente, havia uma forte correlação entre os países que integravam a agenda da PBC e os países receptores dos auxílios do PBF, tanto no número de países receptores quanto em relação ao total de capital aprovados por ano, como demonstrado no Gráfico 3. Entretanto, a partir de 2014, ocorre uma mudança significativa, na qual o total de financiamentos para países fora da PBC supera aqueles recebidos por países que integram a agenda da Comissão. Apesar de na seção 3.1.1 ser discutida a mudança nos modos de trabalho da PBC, que a partir de 2014 passou a aconselhar mais países fora de sua agenda, esse não é um fator que explica as mudanças no destino dos financiamentos do PBF.

Como observado por Kluyskens (2016), a alocação dos recursos do PBF é determinada pelo Secretariado e este estaria mais propenso a atender as demandas políticas do principais contribuidores do fundo — países da OCDE ou países do norte global —, para que fosse mantido o fluxo de doações. Esses países estavam insatisfeitos com os trabalhos conduzidos pela PBC, não somente pela falta de resultados esperados obtidos nos países de sua agenda, mas também porque havia uma expectativa que tivesse desempenhado melhor seu papel de buscar outras fontes de investimento fora do sistema ONU como IFIs e no setor privados. Entretanto, apesar de a PBC ter estabelecido algumas pontes para os países de sua agenda, ela ainda era fortemente dependente do PBF. Somado a isso, esse grupo de países que se encontrava entre os maiores doadores também exercia dominância dentro da PBC, pois muitos dos países da agenda queriam os maiores constituidores financeiros como presidentes de sua CSCs.

Assim, a PBC conseguiu avançar até certo ponto na mobilização de recursos para os países de sua agenda. Porém, ela foi cerceada por patologias presentes historicamente dentro do sistema ONU, cuja principal característica é que os maiores doadores financeiros conseguem impor suas vontades políticas sobre o destino de suas contribuições. Mesmo no processo de estabelecimento da PBA, durante o processo de discussão sobre os membros da PBC, houve uma pressão política para a inclusão dos maiores doadores financeiros da ONU (ASSEMBLEIA GERAL, 2005b; KMEC, 2016), o que ao final resultou em cinco assentos destinados a esse grupo. Na prática, como os cinco maiores doadores ao Fundo raramente mudam e, quando há mudanças, elas ocorrem entre membros da OCDE, isso resulta em mais uma série de cinco assentos permanentemente ocupados, somando-se àqueles outros cinco assentos já ocupados pelo P-5. Portanto, os problemas na obtenção de maiores avanços da PBC no cumprimento dessa função estão ligados a essas patologias históricas que impedem mudanças nas estruturas de poder intrainstitucionais.

3.3.2 Aconselhamento e implementação de estratégias de peacebuilding pós-conflito

Para os países da agenda da PBC, foi desenvolvido o sistema de criação de *frameworks* que buscavam identificar as áreas prioritárias de peacebuilding para a manutenção da paz naqueles países. Porém, os *frameworks* sofreram com algumas críticas. Inicialmente, eles eram baseados amplamente em documentos nacionais já existentes, por exemplo, *Poverty Reduction Plan* ou *National Recovery Plan*, o que resultava em uma duplicação desses documentos e, essencialmente, apenas uma replicação por parte das CSCs, ao invés de uma contribuição com novos planos de peacebuilding (JENKINS, 2013; PONZIO, 2007; SCOTT, 2012; TSCHIRGI; PONZIO, 2016). Entretanto, é necessário apontar que, no decorrer dos anos, a PBC mudou o processo de elaboração dos *frameworks* e passou a auxiliar os países de sua agenda no processo de renovação desses planos nacionais.

Somado a isso, outro problema dos *frameworks* é que eles expunham diferenças entre os discursos e as práticas de peacebuilding. Se, por um lado, a PBC sempre enfatizou *national ownership* com a inclusão de diversos atores locais para a legitimação do processo de peacebuilding como um de seus principais pilares, na prática, esse processo ocorria de maneira diferente. A maior parte das negociações ocorriam entre os diplomatas localizados na sede da ONU, em Nova Iorque, e representantes do governo receptor da ajuda. Mesmo nas visitas periódicas aos países das CSCs, Cavalcante (2019) aponta como exemplo a viagem da PBC ao Burundi, na qual a maior parte do período foi dedicada a encontros com oficiais da ONU em campo e representantes do governo local, dedicando apenas uma pequena parcela a representantes da sociedade civil. Essa dinâmica expõe o problema das Nações Unidas, uma organização estadocêntrica por essência, no emprego de estratégias que ocorram ao nível de grupos sociais e do indivíduo. Assim, há uma dificuldade em realizar projetos de peacebuilding que não possam ser consolidados a partir de uma legitimidade *top-down* como reconciliação nacional, pelo menos não para resultados a longo prazo de manutenção de paz.

Outro fator que dificultou a obtenção de melhores resultados foi a percepção de peacebuilding essencialmente ligada a elementos de segurança, ao invés de priorizar também igualmente os pilares de desenvolvimento e Direitos Humanos. Desde a *Agenda para a Paz,* de 1992, peacebuilding é ligada, ao menos no discurso, a três pilares: segurança, desenvolvimento e Direitos Humanos. Contudo, na prática, havia uma priorização de planos de peacebuilding ligados à segurança, por exemplo, Reforma do Setor de Segurança, DDR e recuperação do Estado de Direito. Outros programas ligados ao desenvolvimento ou reconciliação nacional mais ligados aos pilares de desenvolvimento e Direito Humanos não ganhavam tanto destaque, apesar de serem formalmente apresentados nos *frameworks*, pois, além de terem resultados mais difíceis de mensurar, apresentam resultados apenas a longo prazo. Porém, são fundamentais para a manutenção da paz a longo prazo (ABDENUR; SOUZA NETO, 2016; CAPARINI, 2016).

Apesar de os problemas supracitados estarem diretamente relacionados à PBC, há outras complicações que estão ligadas a configurações institucionais e políticas do sistema ONU, especificamente do CSNU. O desenvolvimento de estratégias de peacebuilding pela Comissão é limitado, pois muitos países com atividades de peacebuilding são mantidos sob o CSNU e não são passados para o aconselhamento da PBC. Mesmo com as mudanças nos métodos de trabalho da PBC desde 2014, ainda há diversas atividades de peacebuilding que não são implementadas ou têm aconselhamento da Comissão.

3.3.3 Manutenção da atenção política para os países de sua agenda

Em relação à manutenção da atenção política para os países da agenda da PBC, é necessário apontar que a Comissão de fato ofereceu uma plataforma para esses países, principalmente para aqueles que estavam à margem das prioridades da comunidade internacional por não terem nenhum conflito eminente, por exemplo a Guiné, ou para outros que estavam caminhando para sair da agenda do CSNU com a finalização de uma operação de paz. Além disso, essa plataforma oferecida pela PBC também trazia consigo novas possibilidades de financiamento, principalmente via PBF e por meio do estabelecimento de pontes com IFIs e entidades privadas.

Um ponto negativo em relação a essa função da Comissão é que ela não desenvolveu a relevância institucional que deveria ter, dada as altas expectativas do seu processo de estabelecimento em 2005. Assim, muitos países percebiam sua colocação na agenda da PBC como um "downgrading from CSNU" (NAÇÕES UNIDAS, 2015b), o que fazia com que possíveis candidatos a integrar a agenda da PBC não a enxergassem como uma possibilidade para manter atenção da comunidade internacional. Além disso, depois dos primeiros anos, o PBF passou a aprovar fundos para países fora da Comissão, o que diminuiu a parte do incentivo financeiro para integrá-la.

3.3.4 Coordenar atores envolvidos em peacebuilding

A última função atribuída à PBC é a coordenação dos atores envolvidos em peacebuilding. Desde o Relatório Brahimi nos anos 2000, quando é proposta a criação de um órgão específico para peacebuilding, já havia o início da idealização dessa função, uma vez que as atividades de peacebuilding eram realizadas por diversas instâncias dentro sistema ONU. Mais tarde, em 2004, na primeira proposta formal da Comissão no *High-level Panel*, ela foi enfatizada e, apesar de todas as mudanças nas estruturas da PBC, essa função permaneceu até o documento final de estabelecimento da Comissão (A/RES/60/180-S/RES/1645).

Apesar de sempre estar presente nas propostas da PBC, essa é a função mais complexa atribuída à Comissão e a que mais resultou em críticas à atuação do órgão, desde o início de sua operação. Em todas as Revisões periódicas da PBC, há uma extensa parte dedicada à análise com a AGNU, CSNU e o ECOSOC e todas reforçam a necessidade de estreitar os laços entre a PBC e esses órgãos para melhor coordenação em peacebuilding (NAÇÕES UNIDAS, 2010d, 2015b, 2020). Essa era, entretanto, uma difícil missão dada à PBC, pois ela foi criada e, posteriormente, inserida em um sistema com patologias históricas refletida nas disputas por agenda entre AGNU e CSNU — ou entre G-77/MNA e P-5/OCDE —, que ocorrem desde o estabelecimento das Nações Unidas, e lhe foi atribuído o objetivo de resolvê-las na instância de peacebuilding.

Não somente essa já seria uma tarefa suficientemente árdua para um novo órgão inserido em um sistema já operante, mas também era hierarquicamente incompatível com o posicionamento da PBC dentro do sistema ONU. Dois pontos devem ser destacados aqui: (1) foi delegado à Comissão o papel de aconselhamento (*advisory body*), o que não permitia que ela tomasse decisões legalmente vinculantes; e (2) a PBC era subsidiária, isto é, hierarquicamente abaixo dos principais órgãos que ela tentava coordenar, a AGNU e o CSNU. Nos primeiros anos de funcionamento, a Comissão tentou desempenhar esse papel, mas isso apenas dificultava suas ações. Richard Ponzio apontou corretamente, ainda em 2007, que a escolha de tornar a PBC subsidiária de ambos, CSNU e AGNU, acarretaria problemas para seu funcionamento.

Na instância burocrática do Secretariado, a situação ocorrida foi similar. O PBSO também teve problemas com disputas de agendas entre o DPA e o DPKO que já ocorriam antes de sua criação, mas foram intensificadas com a introdução do novo departamento. Apesar disso, após a reforma promovida pelo SGNU António Guterres, a partir de 2019, com a criação do DPPA, algumas melhoras já foram percebidas, apesar de estar longe do ideal (JACQUAND, 2020).

Por fim, outro fator que se sobressai é que o projeto da PBC ganhou mais incentivos para a criação, a partir do momento que os países do G-77 e MNA perceberam que as propostas de reforma do CSNU não seriam aceitas e, então, impulsionaram a criação da PBC como uma tentativa e obterem algum domínio sobre a agenda de paz e segurança da ONU. Portanto, analisando sob as lentes de Cox, a PBC foi uma ideia contra-hegemônica contra aqueles grupos de países que historicamente dominavam essa agenda, seja por meio do P-5 no CSNU, sendo membros permanentes e com poder de veto, ou da dominação dos recursos financeiros, como ocorre com as doações dos países da OCDE. Durante todo o processo de negociação, os dois lados impuseram restrições, o que resultou em uma estrutura de Comissão ligeiramente diferente da ideia original.

Ainda nesse sentido, quando a PBC começou a operar, muitas de suas ações eram altamente dependentes do CSNU. A exemplo disso, os critérios para que um país integrasse a agenda da Comissão dependiam, na maioria dos casos, de aprovação do CSNU. Um Estado só poderia entrar na PBC sem passar pelo crivo do Conselho de Segurança, caso ele não estivesse em sua agenda e não tivesse nenhuma operação de paz ou missão política operante. Conforme demonstrado no Capítulo 2 e na primeira seção deste capítulo, esse foi apenas o caso de dois entre os seis países dos CSCs, Guiné e Guiné-Bissau. Dessa forma, o CSNU mantinha ainda o controle sobre a PBC. Somado a isso, a partir de 2014, quando a PBC começa a flexibilizar seus métodos de trabalho e se aproximar do CSNU, é possível notar uma expansão dos países e regiões aconselhados pela Comissão. Portanto, ao final, as ideias contra-hegemônicas que o projeto da PBC representava foram absorvidas e ela teve que incorporar as regras dessa ordem hegemônica já estabelecida, para que isso possibilitasse sua sobrevivência institucional (COX, 1993).

CONCLUSÃO

A Peacebuilding Commission surgiu como resultado do projeto de institucionalização de peacebuilding dentro das Nações Unidas que se iniciou com o projeto de reposicionamento pós-Guerra Fria com a Agenda para a Paz. A partir desse marco, peacebuilding ganhou crescente relevância na agenda de paz e segurança da organização. Já nos anos 2000, iniciou-se um processo de reforma institucional liderado pelo então SGNU Kofi Annan, com objetivo de adequar as estruturas da ONU para a conjuntura internacional contemporânea. Dentro desse processo de reforma estava localizada a proposta de criação da PBC. Entretanto, a principal agenda relacionada à paz e à segurança era a nova tentativa de realizar uma reforma no Conselho de Segurança.

A partir da percepção de que a reforma do CSNU não seria aprovada, os países do G-77 e MNA viram na proposta da PBC uma possibilidade de obterem algum controle sobre a agenda de paz e segurança da organização, historicamente mantida sob domínio do P-5 e dos países da OCDE. Portanto, ao ganhar apoio desses grupos de países do sul global, o projeto da PBC tornou-se uma tentativa contra-hegemônica da ordem historicamente estabelecida (COX, 1993, 1981). Dessa forma, todo o processo de negociações para a definição das estruturas da Comissão foi marcado por disputas políticas entre os países do sul global tentando aproximar o domínio da PBC da AGNU e o do outro lado os países do norte global — e P-5 —, impedindo que qualquer tipo de domínio da agenda de paz e segurança saísse de seu controle no CSNU.

Assim, o desenvolvimento da PBC entre 2004 e 2005 foi marcado por disputas políticas históricas que ocorrem desde o estabelecimento das Nações Unidas, escancarando as patologias não resolvidas entre os Estados-membros da organização (BARNETT; FINNEMORE, 1999). Devido a essas disputas, a versão final aprovada da Comissão foi mais limitada do que o projeto inicial idealizado. Entretanto, apesar dos empasses políticos, havia altas expectativas para o trabalho que seria desempenhado pela PBC (BERDAL, 2008; MURTHY, 2007), afinal, era o primeiro órgão intergovernamental a ser criado em anos dentro das Nações Unidas e seria responsável por coordenar uma agenda que teve progressiva relevância desde os anos 1990.

Contudo, os problemas — ou patologias — que ocorreram durante o estabelecimento da PBC refletiram em contenções que limitavam o desempenho de suas funções e, portanto, na eficácia do novo órgão. Não obstante, as disputas entre AGNU e CSNU em relação à Comissão continuaram durante os anos que seguiram sua criação. Esses problemas se expandiam também para a instância burocrática da PBA dentro do Secretariado com o PBSO, que era a nova divisão que passou a disputar agendas com o DPA e o DPKO. Portanto, as estruturas da PBA passavam por problemas similares de terem que atender a altas expectativas de funcionamento e eficácia, ao mesmo tempo que sofriam constrangimentos institucionais e se encontravam em meio a disputas políticas que dificultavam o comprimento de seus papéis.

Ao relembramos a pergunta central desta pesquisa sobre se a PBC conseguiu cumprir com suas quatro funções determinadas em 2005 pela Resolução A/RES/60/180-S/RES/1645: (1) mobilização de recursos para peacebuilding pós-conflito; (2) aconselhamento e implementação de estratégias de peacebuilding pós-conflito; (3) manutenção da atenção política para os países de sua agenda; e (4) coordenar atores envolvidos em peacebuilding, a análise deve considerar as patologias da configuração institucional, na qual a PBC está inserida.

A PBC sempre teve seu funcionamento atrelado diretamente à AGNU e ao CSNU, uma vez que é subsidiária de ambos os órgãos. Portanto, as disputas políticas entre os Estados-membros da organização que se traduzem em disputas institucionais entre os dois órgãos causaram constrangimentos que limitaram a atuação da Comissão. Somado a isso, o fato de o CSNU não querer perder o domínio da agenda de paz e segurança internacional foi fator fundamental para cercear a atuação da Comissão, fazendo com que o órgão que foi idealizado para preencher a lacuna institucional existente em relação à peacebuilding tivesse apenas uma minoria dos casos de peacebuilding delegada a ela.

Portanto, a Comissão conseguiu desempenhar algumas das funções que lhe foi atribuída dentro da conjuntura institucional limitante na qual ela foi inserida. Além disso, é necessário apontar que a PBC foi um novo órgão estabelecido dentro de uma estrutura institucional já operante (BIERSTKER; JÜTERSONKE, 2010). Naturalmente, o ritmo de trabalho de seus primeiros anos foi mais lento, enquanto estavam sendo definidos métodos de trabalho e regras procedimentais. Nos anos mais recente, entretanto, é possível perceber que a PBC encontrou seu ritmo de trabalho e seu papel institucional. Nesse mesmo período, a Comissão teve uma maior aproximação do Conselho de Segurança e, consequentemente, passou a desenvolver cada vez mais trabalhos de aconselhamento para uma diversidade maior de países e regiões e até mesmo teve seu aconselhamento requisitado para renovação de operações de paz e políticas. Assim sendo, a PBC passou a desempenhar melhor suas funções, a partir do momento que suas bases contra-hegemônicas foram totalmente absorvidas pelo sistema hegemônico vigente (COX, 1993) e, portanto, não representavam mais uma ameaça à dominância da agenda de paz e segurança pelo CSNU.

Esta obra buscou oferecer a contribuição de apresentar não somente os processos históricos de formação da PBC, os quais já são amplamente cobertos pela bibliografia especializada da área, mas também analisar os trabalhos desenvolvidos pela Comissão nos seus primeiros quinze anos. Esta análise levou em consideração tanto os trabalhos desenvolvidos dentro da PBC — e das outras instâncias da PBA —, apontando seus avanços e desafios, mas, principalmente, teve como foco a investigação sobre como a Peacebuilding Commission, como ator institucional, desempenhou seu trabalho em relação a outros atores do sistema ONU, como a AGNU, CSNU, Estados-membros e Secretariado das Nações Unidas. Assim como esquematizou os impedimentos causados pelas estruturas institucionais e disputas políticas no desenvolvimento da PBC.

REFERÊNCIAS

ABDENUR, A.; HAMANN, E. A ONU e a Segurança Internacional. *In:* JUBILUT, J. *et al.* (org.). **A ONU aos 70**: Contribuições, Desafios e Perspectivas. Boa Vista: Editora da UFRR, 2016. p. 1073-1118.

ABDENUR, A.; SOUZA NETO, D. de. The Impact of the Peacebuilding Architecture in Guinea-Bissau. *In:* CONING, E. de; STAMNES, E. **UN Peacebuilding Architecture**: The First 10 Years. London: Routledge, 2016. p. 181-195.

ANNAN, K. Implementation of the United Nations Millennium Declaration: Report of the Secretary General. Resolução A/58/323. **ONU** [online], [*s. l.*], 2003. Disponível em: https://www.un.org/development/desa/financing/sites/www.un.org.development.desa.financing/files/2020-02/N0348157.pdf. Acesso em: 24 ago. 2022.

ANNAN, K. In Larger Freedom: Towards Development, Security and Human Rights for All. Resolução A/59/2005. **ONU** [online], [*s. l.*], 2005a. Disponível em: https://www.un.org/en/events/pastevents/pdfs/larger_freedom_exec_summary.pdf. Acesso em: 24 ago. 2022.

ANNAN, K. In Larger Freedom: Towards Development, Security and Human Rights for All Addendum 2. Resolução A/59/2005/Add.2. **ONU** [online], [*s. l.*], 2005b. Disponível em: https://www.securitycouncilreport.org/atf/cf/%7B65B-FCF9B-6D27-4E9C-8CD3-CF6E4FF96FF9%7D/PBC%20A592005ADD2.pdf. Acesso em: 24 ago. 2022.

ANNAN, K. **Interventions**: A Life of War and Peace. New York: Penguin, 2012.

ASSEMBLEIA GERAL. 66th Plenary Meeting. A/60/PV.66. **ONU** [online], [*s. l.*], 2005. Disponível em: https://documents-dds-ny.un.org/doc/UNDOC/GEN/N05/656/56/PDF/N0565656.pdf?OpenElement. Acesso em: 12 set. 2022.

ASSEMBLEIA GERAL. 10th plenary meeting. A/60/PV.10. **ONU** [online], [*s. l.*], 2005b. Disponível em: https://documents-dds-ny.un.org/doc/UNDOC/GEN/N05/512/11/PDF/N0551211.pdf?OpenElement. Acesso em: 12 set. 2022.

ASSEMBLEIA GERAL. 24th plenary meeting. A/62/PV.24. **ONU** [online], [*s. l.*], 2007. Disponível em: https://documents-dds-ny.un.org/doc/UNDOC/GEN/N07/537/26/PDF/N0753726.pdf?OpenElement. Acesso em: 10 set. 2022.

ASSEMBLEIA GERAL. 109th plenary meeting. A/62/PV.109. **ONU** [online], [*s. l.*], 2008a. Disponível em: https://digitallibrary.un.org/record/629847?ln=en. Acesso em: 10 set. 2022.

ASSEMBLEIA GERAL. 25th plenary meeting. A/63/PV.25. **ONU** [online], [*s. l.*], 2008b. Disponível em: https://documents-dds-ny.un.org/doc/UNDOC/GEN/N08/547/19/PDF/N0854719.pdf?OpenElement. Acesso em: 10 set. 2022.

ASSEMBLEIA GERAL. 111th plenary meeting. A/62/PV.111. **ONU** [online], [*s. l.*], 2008c. Disponível em: https://digitallibrary.un.org/record/632374?ln=en. Acesso em: 10 set. 2022.

ASSEMBLEIA GERAL. 70th plenary meeting. A/63/PV.70. **ONU** [online], [*s. l.*], 2008d. Disponível em: https://documents-dds-ny.un.org/doc/UNDOC/GEN/N08/660/58/PDF/N0866058.pdf?OpenElement. Acesso em: 10 set. 2022.

ASSEMBLEIA GERAL. Shifting the management paradigm in the United Nations: implementing a new management architecture for improved effectiveness and strengthened accountability. A/72/492/Add.2. **ONU** [online], [*s. l.*], 2018. Disponível em: https://documents-dds ny.un.org/doc/UNDOC/GEN/N18/079/05/PDF/N1807905.pdf?OpenElement. Acesso em: 12 set. 2022.

ASSEMBLEIA GERAL. 67th plenary meeting. A/64/PV.67. **ONU** [online], [*s. l.*], 2009. Disponível em: https://documents-dds-ny.un.org/doc/UNDOC/GEN/N09/662/18/PDF/N0966218.pdf?OpenElement. Acesso em: 10 set. 2022.

ASSEMBLEIA GERAL. 50th plenary session. A/64/PV.50. **ONU** [online], [*s. l.*], 2009b. Disponível em: https://digitallibrary.un.org/record/672287?ln=en. Acesso em: 10 set. 2022.

ASSEMBLEIA GERAL. Resolução A/RES/65/7. **ONU** [online], [*s. l.*], 2010a. Disponível em: https://digitallibrary.un.org/record/694249?ln=en. Acesso em: 12 set. 2022.

ASSEMBLEIA GERAL. 41st Plenary Meeting. A/65/PV.41. **ONU** [online], [*s. l.*], 2010b. Disponível em: https://digitallibrary.un.org/record/698787?ln=en. Acesso em: 12 set. 2022.

AYOOB, M. The Security Problematic Of The Third World. **World Politics**, [*s. l.*], v. 43, n. 2, p. 257-283, 1991.

AYOOB, M. State Making, State Breaking, State Failure. *In:* CROCKER, C. A. *et al.* (org.) **Leashing the Dogs of War**: Conflict Management in a Divided World. Washington: United States Institute of Peace Press, 1996. p. 95-114.

BARNETT, M.; FINNEMORE, M. The Politics, Power, and Pathologies of International Organizations. **International Organization**, [*s. l.*], v. 53, n. 4, p. 699-732, 1999.

von BEIJNUM, M., Achievements of the UN Peacebuilding Commission and Challenges Ahead *In:* CONING, E. de; STAMNES, E. **UN Peacebuilding Architecture:** The First 10 Years. London: Routledge, 2016. p. 77-94.

BELLAMY, A. J.; WILLIAMS, P. D. **Understanding Peacekeeping**. 2. ed. Cambridge: Ed. Polity, 2010.

BERDAL, M. The UN Peacebuilding Commission: The Rise and Fall of a Good Idea. *In:* PUGH, M. *et al.* **Whose Peace?** Critical Perspectives on the Political Economy of Peacebuilding. London: Palgrave Macmillan, 2008. p. 356-372.

BIERSTEKER, T. Prospects for the UN Peacebuilding Commission. **Disarmament Forum**, [*s. l.*], p. 37-44, 2007.

BIERSTEKER, T.; JÜTERSONKE, O. The. Challenges of Institution Building: Prospects for the UN Peacebuilding Architecture. **Working Paper – The Future of the Peacebuilding Architecture Project**, [*s. l.*], 2010.

BOUTROS-GHALI, B. An Agenda for Peace: Preventive Diplomacy, Peacemaking, and Peace-keeping. Resolução A/47/277 - S/24111. **ONU** [online], [*s. l.*], 1992. Disponível em: https://www.un.org/ruleoflaw/files/A_47_277.pdf. Acesso em: 15 jul. 2020.

BOUTROS-GHALI, B. An Agenda for Development: Report of the Secretary--General. Resolução A/48/935. **ONU** [online], [*s. l.*], 1994. Disponível em: https://digitallibrary.un.org/record/188719. Acesso em: 2 set. 2022.

BOUTROS-GHALI, B. Supplement to an Agenda for Peace: Position Paper of the Seecretary-General on the Occasion of the Fiftieth Anniversary of the United Nations. Resolução A/50/60-S/1995/1. **ONU** [online], [*s. l.*], 1995. Disponível em: https://digitallibrary.un.org/record/168325. Acesso em: 15 jul. 2020.

BOUTROS-GHALI, B. An Agenda for Democratization. Resolução A/51/761. **ONU** [online], [*s. l.*], 1996. Disponível em: https://www.un.org/fr/events/democracyday/assets/pdf/An_agenda_for_democratization.pdf. Acesso em: 2 jul. 2022.

BUZAN, B. Rethinking Security After the Cold War. **Sage Journals**, London, v. 32, n. 1, 1997.

BUZAN, B.; HANSEN, L. **A Evolução dos Estudos de Segurança Internacional.** São Paulo: Ed. Unesp, 2012.

CAVALCANTE, F. The Impact of the Peacebuilding Architecture on Consolidating the Sierra Leone Peace Process. *In:* CONING, E. de; STAMNES, E. **UN Peacebuilding Architecture**: The First 10 Years. London: Routledge, 2016. p. 145-158.

CAVALCANTE, F. **Peacebuilding in the United Nations**: Coming into Life. Manchester: Palgrave Macmillan, 2019.

CAPARINI, M., 2016. The Impact of the Peacebuilding Architecture on Consolidating Liberia's Peace Process. *In:* CONING, E. de; STAMNES, E. **UN Peacebuilding Architecture**: The First 10 Years. London: Routledge, 2016. P.159-180.

CHENG-HOPKINS, J. The UN Peacebuilding Architecture – Good Intentions, Confused Expectations, Faulty Assumptions. *In:* CONING, E. de; STAMNES, E. **UN Peacebuilding Architecture**: The First 10 Years. London: Routledge, 2016. p. 233-249.

CONSELHO DE SEGURANÇA. Resolução S/RES/1545. **ONU** [online], [*s. l.*], 2004. Disponível em: https://documents-dds-ny.un.org/doc/UNDOC/GEN/N04/359/89/PDF/N0435989.pdf?OpenElement. Acesso em: 10 set. 2022.

CONSELHO DE SEGURANÇA. Resolução S/RES/1610. **ONU** [online], [*s. l.*], 2005a. Disponível em: https://documents-dds-ny.un.org/doc/UNDOC/GEN/N05/404/87/PDF/N0540487.pdf?OpenElement. Acesso em: 10 set. 2022.

CONSELHO DE SEGURANÇA. Resolução S/RES/1620. **ONU** [online], [*s. l.*], 2005b. Disponível em: https://documents-dds-ny.un.org/doc/UNDOC/GEN/N05/477/15/PDF/N0547715.pdf?OpenElement. Acesso em: 10 set. 2022.

CONSELHO DE SEGURANÇA. Resolução S/RES/1719. **ONU** [online], [*s. l.*], 2006a. Disponível em: https://documents-dds-ny.un.org/doc/UNDOC/GEN/N06/585/71/PDF/N0658571.pdf?OpenElement. Acesso em: 10 set, 2022.

CONSELHO DE SEGURANÇA. 5761st Meeting. S/PV.5761. **ONU** [online], [*s. l.*], 2007a. Disponível em: https://digitallibrary.un.org/record/609465. Acesso em: 10 set. 2022.

CONSELHO DE SEGURANÇA. Resolução S/RES/1778. **ONU** [online], [*s. l.*], 2007b. Disponível em: https://documents-dds-ny.un.org/doc/UNDOC/GEN/N07/516/15/PDF/N0751615.pdf?OpenElement. Acesso em: 10 set. 2022.

CONSELHO DE SEGURANÇA. 5997th meeting. S/PV.5997. **ONU** [online], [*s. l.*], 2008a. Disponível em: https://documents-dds-ny.un.org/doc/UNDOC/PRO/N08/561/87/PDF/N0856187.pdf?OpenElement. Acesso em: 10 set. 2022.

CONSELHO DE SEGURANÇA. Resolução S/RES/1834. **ONU** [online], [*s. l.*], 2008b. Disponível em: https://documents-dds-ny.un.org/doc/UNDOC/GEN/N08/519/03/PDF/N0851903.pdf?OpenElement. Acesso em: 10 set. 2022.

CONSELHO DE SEGURANÇA. **Letter dated 2 May 2008 from the Permanent Representative of the United Kingdom of Great Britain and Northern Ireland to the United Nations addressed to the President of the Security Council.** S/2008/291. [*S. l.*], 2008c. Disponível em: https://documents-dds-ny.un.org/doc/UNDOC/GEN/N08/327/05/PDF/N0832705.pdf?OpenElement. Acesso em: 10/09/2022.

CONSELHO DE SEGURANÇA. Statement by the President of the Security Council. S/PRST/2009/23. **ONU** [online], [*s. l.*], 2009. Disponível em: https://documents-dds-ny.un.org/doc/UNDOC/GEN/N09/419/37/PDF/N0941937.pdf?OpenElement. Acesso em: 10 set. 2022.

CONSELHO DE SEGURANÇA 6224th meeting. S/PV.6224. **ONU** [online], [*s. l.*], 2009b. Disponível em: https://digitallibrary.un.org/record/672294?ln=en. Acesso em: 10 set. 2022.

CONSELHO DE SEGURANÇA. Resolução S/RES/1923. **ONU** [online], [*s. l.*], 2010. Disponível em: https://documents-dds-ny.un.org/doc/UNDOC/GEN/N10/375/70/PDF/N1037570.pdf?OpenElement. Acesso em: 10 set. 2022.

CONSELHO DE SEGURANÇA. Resolução S/RES/1947. **ONU** [online], [*s. l.*], 2010b. Disponível em: https://documents-dds-ny.un.org/doc/UNDOC/GEN/N10/612/08/PDF/N1061208.pdf?OpenElement. Acesso em: 12 set. 2022.

CONSELHO DE SEGURANÇA. 6414th Meeting. S/PV. 6414. **ONU** [online], [*s. l.*], 2010c. Disponível em: https://digitallibrary.un.org/record/692683?ln=en. Acesso em: 12 set. 2022.

CONSELHO DE SEGURANÇA. Resolução S/RES/2086. **ONU** [online], [*s. l.*], 2013. Disponível em: https://digitallibrary.un.org/record/742557/usage?ln=ar. Acesso em: 10 set. 2022.

CONSELHO DE SEGURANÇA. Resolução S/RES/2149. **ONU** [online], [*s. l.*], 2014. Disponível em: https://digitallibrary.un.org/record/768393?ln=en. Acesso em: 10 set. 2022.

CONSELHO DE SEGURANÇA. Resolução S/RES/2333. **ONU** [online], [*s. l.*], 2016. Disponível em: https://www.securitycouncilreport.org/atf/cf/%7B65BFCF9B-6D-27-4E9C-8CD3-CF6E4FF96FF9%7D/S_RES_2333.pdf. Acesso em: 10 set. 2022.

CONSELHO DE SEGURANÇA. Resolução S/RES/2404. **ONU** [online], [*s. l.*], 2019. Disponível em: https://documents-dds-ny.un.org/doc/UNDOC/GEN/N18/055/81/PDF/N1805581.pdf?OpenElement. Acesso em: 10 set. 2022.

COX, B. United Nations Security Council Reform: Collected Proposals And Possible Consequences. **South Carolina Journal of International Law and Business**, Columbia (SC), v. 6, n. 1, p. 89-127, 2011.

COX, R. Social Forces, States and World Orders: Beyond International Relations Theory. Millennium: **Journal of International Studies**, London, v. 10, n. 2, p. 126-155, 1981.

COX, R. Gramsci, hegemony and international relations: an essay in method. *In:* GILL, Stephen (ed.). **Gramsci, Historical Materialism and International Relations**. Cambridge: Cambridge University Press, 1993.

DE CONING, C.; STAMNES, E. **UN Peacebuilding Architecture**: The First Ten Years. London: Routledge, 2016.

DOYLE, M.W. Kant, Liberal Legacies and Foreign Affairs. **Philosophy and Public Affairs**, [*s. l.*], v. 1, p. 205-235, 1983.

DOYLE, M.; SAMBANIS, N. **Making War & Building Peace**. Princeton: Princeton University Press, 2006.

DURCH, W. J. *et al.* The Brahimi Report and the Future of UN Peace Operations. **The Henry L. Stimson Center**, Washington DC, 2003.

DUFFIELD, M. **Global Governance and the News Wars**: The merging of Development and Security. Londres: Zed Books, 2001.

ECOSOC. Provisional summary record of the 11th meeting. **ONU** [online], [*s. l.*], E/2008/SR.11. 2008a. Disponível em: https://digitallibrary.un.org/record/630967?ln=en. Acesso em: 10 set. 2022.

ECOSOC. Provisional summary record of the 29th meeting. E/2008/SR.29. **ONU** [online], [*s. l.*], 2008b. Disponível em: https://digitallibrary.un.org/record/638849?ln=en. Acesso em: 10 set. 2022.

ECOSOC. Provisional summary record of the 48th meeting. E/2008/SR.48. **ONU** [online], [*s. l.*], 2008c. ONU [online]. Disponível em: https://digitallibrary.un.org/record/648824?ln=en. Acesso em: 10 set. 2022.

GALTUNG, J. **Theories of Peace**: A Synthetic Approach to Peace Thinking. Oslo, International Peace Research Institute, 1967.

GALTUNG, J. Three realistic approaches to Peace: Peacekeeping; Peacemaking and Peacebuilding. **Impact of Science on Society**, [*s. l.*], p. 103-115, 1976.

GALTUNG, J. **Peace by Peaceful Means:** Peace and Conflict, Development and Civilization. London: Sage Publications, 1995.

GOULDING, M. The Evolution of United Nations Peacekeeping. **International Affairs**, London, v. 69, n. 3, p. 451-464, 1993.

HEARN, S. *et al.* The United Nations 'Peacebuilding Architecture': Past, Present and Future. **Center on International Cooperation**, New York University, 2015.

KALDOR, M. **New and Old Wars**: Organized violence in a Global World. Stanford: Stanford University Press, 1999.

KALDOR, M. Inconclusive Wars: Is Clausewitz Still Relevant In These Global Times. **Global Policy**, London, v. 1, n. 3, p. 271-281, 2010.

KENKEL, K. M. Five Generations of Peace Operations: From The "Thin Blue Line" to "Painting a Country Blue". **Revista Brasileira de Política Internacional**, Brasília, v. 56, n. 1, p. 122-143, 2013.

KLUYSKENS, J. The Peacebuilding Fund: From Uncertainty to Promise. *In:* CONING, E. de; STAMNES, E. **UN Peacebuilding Architecture**: The First 10 Years. London: Routledge, 2016. p. 61-76.

KMEC, V. The Establishment of the Peacebuilding Commission: Reflecting Power Shifts in the United Nations. **International Peacekeeping**, London, p. 1-22, 2016.

JACQUAND, M. UN Reform and Mission Planning: Too Great Expectations. International Peace Institute, 2020.LUCK, E. How Not to Reform the UN. **Global Governance**, Washington DC, v. 11, n. 4, p. 407-414, 2004.

JENKINS, R. The UN Peacebuilding Commission and The Disseminations of International Norms. **Crisis States Working Papers Series**, London, n. 2, 2008. Disponível em: https://www.lse.ac.uk/international-development/Assets/Documents/PDFs/csrc-working-papers-phase-two/wp38.2-un-peacebuilding-commission.pdf. Acesso em: 21 dez. 2023.

JENKINS, R. **Peacebuilding**: From Concept to Commission. New York: Routledge, 2013.

LUCK, E. How Not to Reform the UN. **Global Governance**, Washington DC, v. 11, n. 4, p. 407-414, 2004.

MULTI-PARTNER TRUST FUND/PNUD. Peacebuilding Fund. 2023. Disponível em: https://mptf.undp.org/fund/pb000. Acesso em: 21 dez. 2023.

MÜNKLER, H. **Viejas y Nuevas Guerras**: Asímetria y Privatización de la Violencia. Madrid: Siglo, 2005.

MURTHY, C.S.R. New Phase in UN Reforms: Establishment of the Peacebuilding Commission and Humans Rights Council. **International Studies**, London, v. 44, n. 1, p. 39-56, 2007.

NAÇÕES UNIDAS. **Arusha Peace and Reconciliation Agreement for Burundi**. 2000. Disponível em: https://peacemaker.un.org/node/1207. Acesso em: 10 set. 2022.

NAÇÕES UNIDAS. **Millenium Development Goals**. 2000. Disponível em: https://www.un.org/millenniumgoals/. Acesso em: 10 set. 2022.

NAÇÕES UNIDAS. **Growth in the United Nations Membership**. 2023. Disponível em: https://www.un.org/en/about-us/growth-in-un-membership. Acesso em: 12 set. 2022.

NAÇÕES UNIDAS. Carta das Nações Unidas. **ONU** [online], [*s. l.*], 1945. Disponível em: http://unicrio.org.br/img/CartadaONU_VersoInternet.pdf. Acesso em: 15 jul. 2020.

NAÇÕES UNIDAS. Resolução A/RES/377(V). **ONU** [online], [*s. l.*], 1950. ONU [online]. Disponível em: https://documents-dds ny.un.org/doc/RESOLUTION/GEN/NR0/059/75/PDF/NR005975.pdf?OpenElement. Acesso em: 12 set. 2022.

NAÇÕES UNIDAS. Resolução A/RES/1991(XVIII). **ONU** [online], [*s. l.*], 1963. Disponível em: https://documents-dds-ny.un.org/doc/RESOLUTION/GEN/NR0/186/66/PDF/NR018666.pdf?OpenElement. Acesso em: 12 set. 2022.

NAÇÕES UNIDAS. Report of the Panel on United Nations Peace Operations. Resolução A/55/305. **ONU** [online], [*s. l.*], 2000. Disponível em: https://undocs.org/A/55/305. Acesso em: 15 jul. 2020.

NAÇÕES UNIDAS. The Secretary-General's High-level Panel Report on Threats, Challenges and Change, A more secure world: our shared responsibility. Resolução A/59/565. **ONU** [online], 2004. Disponível em:https://www.un.org/ruleoflaw/blog/document/the-secretary-generals-high-level-panel-report-on-threats-challenges-and-change-a-more-secure-world-our-shared-responsibility/. Acesso em: 24 ago. 2022.

NAÇÕES UNIDAS. Letter dated 2005/06/08 from the Permanent Representative of China to the United Nations addressed to the Secretary-General. **ONU** [online], 2005a. Disponível em: https://digitallibrary.un.org/record/551834?ln=en. Acesso em: 2 set. 2022.

NAÇÕES UNIDAS. General Assembly official records, 60th session: 12th plenary meeting, Sunday, 18 September 2005, New York. A/60/PV.12. **ONU** [online], 2005b. Disponível em: https://digitallibrary.un.org/record/556605?ln=en. Acesso em: 10 set. 2022.

NAÇÕES UNIDAS. 2005 World Summit Outcome Document. Resolução A/RES/60/1. **ONU** [online], 2005c. Disponível em: https://www.un.org/ga/search/view_doc.asp?symbol=A/RES/60/1. Acesso em: 24 ago. 2022.

NAÇÕES UNIDAS. Establishment of the Peacebuilding Commission. Resolução A/RES/60/180-S/RES/1645. **ONU** [online], 2005d. Disponível em: https://digitallibrary.un.org/record/563509. Acesso em: 10 set. 2022.

NAÇÕES UNIDAS. Report of the Peacebuilding Commission on its first session. A/62/137-S/2007/458. **ONU** [online], 2007a. Disponível em: https://documents-dds-ny.un.org/doc/UNDOC/GEN/N07/439/15/PDF/N0743915.pdf?OpenElement. Acesso em: 10 set. 2022.

NAÇÕES UNIDAS. Letter dated 11 December 2007 from the President of the Security Council to the Chairperson of the Peacebuilding Commission. A/62/736-S/2007/744. **ONU** [online], 2007b. Disponível em: Acesso em: https://documents-dds-ny.un.org/doc/UNDOC/GEN/N08/269/33/PDF/N0826933.pdf?OpenElement. 10 set. 2022

NAÇÕES UNIDAS. Report of the Peacebuilding Commission on its second session. A/63/92-S/2008/17. **ONU** [online], 2008a. Disponível em: https://documents-dds-ny.un.org/doc/UNDOC/GEN/N08/401/90/PDF/N0840190.pdf?OpenElement. Acesso em: 10 set. 2022.

NAÇÕES UNIDAS. Letter dated 30 May 2008 from the President of the Security Council addressed to the Chairperson of the Peacebuilding Commission. A/62/864-S/2008-383. **ONU** [online], 2008b. Disponível em: https://documents-dds-ny.un.org/doc/UNDOC/GEN/N08/377/42/PDF/N0837742.pdf?OpenElement. Acesso em: 10 set. 2022.

NAÇÕES UNIDAS. Report of the Peacebuilding Commission on its third session. A/64/341-S/2009/444. **ONU** [online], 2009a. Disponível em: https://documents-dds-ny.un.org/doc/UNDOC/GEN/N09/504/41/PDF/N0950441.pdf?OpenElement. Acesso em: 10 set. 2022.

NAÇÕES UNIDAS. Report of the Secretary-General on peacebuilding in the immediate aftermath of conflict. A/63/881-S/2009/30. **ONU** [online], 2009b. Disponível em: https://documents-dds-ny.un.org/doc/UNDOC/GEN/N09/367/70/PDF/N0936770.pdf?OpenElement. Acesso em: 10 set. 2022.

NAÇÕES UNIDAS. Remarks to the Informal Consultation on the 2010 review of the UN Peacebuilding Architecture. **ONU** [online], 2010b. Disponível em: https://www.un.org/peacebuilding/sites/www.un.org.peacebuilding/files/documents/peacebuildingreview17feb2010.pdf. Acesso em: 10 set. 2022.

NAÇÕES UNIDAS. Review of the United Nations peacebuilding architecture. A/64/868-S/2010/393. **ONU** [online], 2010c. Disponível em: https://documents-dds-ny.un.org/doc/UNDOC/GEN/N10/460/40/PDF/N1046040.pdf?OpenElement. Acesso em: 10 set. 2022.

NAÇÕES UNIDAS. Request for the Peacebuilding Commission's Engagement with Liberia. **ONU** [online], 2010d. Disponível em: https://www.un.org/peacebuilding/sites/www.un.org.peacebuilding/files/documents/country_request_liberia.pdf. Acesso em: 10 set. 2022.

NAÇÕES UNIDAS. Letter dated 19 July 2010 from the President of the Security Council to the Chairperson of the Peacebuilding Commission. A/64/870 – S/2010/389. **ONU** [online], 2010e. Disponível em: https://digitallibrary.un.org/record/686573?ln=en. Acesso em: 10 set. 2022.

NAÇÕES UNIDAS. Carta Accompagment de la Guinée par la Commission de la Consolidation de la Paix. **ONU** [online], 2011. Disponível em: https://www.un.org/peacebuilding/sites/www.un.org.peacebuilding/files/documents/govt_request_second.pdf. Acesso em: 10 set. 2022.

NAÇÕES UNIDAS. Civilian capacity in the aftermath of conflict. A/66/311-S/2011/527. **ONU** [online], 2011b. Disponível em: https://documents-dds-ny.un.org/doc/UNDOC/GEN/N11/458/76/PDF/N1145876.pdf?OpenElement. Acesso em: 10 set. 2022.

NAÇÕES UNIDAS. Report of the Peacebuilding Commission on its 5th session. A/66/675 – S/2012/70. **ONU** [online], 2012. Disponível em: https://digitallibrary.un.org/record/720475?ln=en. Acesso em: 10 set. 2022.

NAÇÕES UNIDAS. Report of the Peacebuilding Commission on its 6th session. A/67/715 – S/2013/63. **ONU** [online], 2013. Disponível em: https://digitallibrary.un.org/record/743273?ln=en. Acesso em: 10 set. 2022.

NAÇÕES UNIDAS. Report of the Peacebuilding Commission on its seventh session. A/68/729–S/2014/67. **ONU** [online], 2014. Disponível em: https://documents-dds-ny.un.org/doc/UNDOC/GEN/N14/222/62/PDF/N1422262.pdf?OpenElement. Acesso em: 10 set. 2022.

NAÇÕES UNIDAS. Report of the Peacebuilding Commission on its 8th session. A/69/818 – S/2015/174. **ONU** [online], 2015a. Disponível em: https://digitallibrary.un.org/record/789978?ln=en. Acesso em: 10 set. 2022.

NAÇÕES UNIDAS. Report of the Advisory Group of Experts on the Review of the Peacebuilding Architecture. A/69/968 – S/2015/90. **ONU** [online], 2015b. Disponível em: https://digitallibrary.un.org/record/798480?ln=en. Acesso em: 10 set. 2022.

NAÇÕES UNIDAS. Report of the Peacebuilding Commission on its 10th session. A/71/768-S/2017/76. **ONU** [online], 2017. Disponível em: https://digitallibrary.un.org/record/858376?ln=en. Acesso em: 10 set. 2022.

NAÇÕES UNIDAS. Report of the Peacebuilding Commission on its 11th session. A/72/721-S/2018/83. **ONU** [online], 2018. Disponível em: https://digitallibrary.un.org/record/1467074?ln=en. Acesso em: 10 set. 2022.

NAÇÕES UNIDAS. Report of the Peacebuilding Commission on its twelfth session. A/73/724–S/2019/88. **ONU** [online], 2019. Disponível em: https://www.un.org/peacebuilding/sites/www.un.org.peacebuilding/files/documents/pbc_annual_report_on_its_12th_session.pdf. Acesso em: 10 set. 2022.

NAÇÕES UNIDAS. Peacebuilding and sustaining peace: Report of the Secretary-General. A/74/976–S/2020/773. **ONU** [online], 2020. Disponível em: https://

documents-dds-ny.un.org/doc/UNDOC/GEN/N20/203/77/PDF/N2020377. pdf?OpenElement. Acesso em: 10 set. 2022.

NEWMAN, E. The 'New Wars' Debate: A Historical Perspective is Needed. **Security Dialogue**, Oslo, v. 35, n. 2, p. 173-189, Jun. 2004.

PEACEBUILDING COMMISSION. Documents. 2023. Disponível em: https:// www.un.org/peacebuilding/documents. Acesso em: 12 set. 2022.

PEACEBUILDING COMMISSION. Provisional rules of procedure of the Peacebuilding Commission. PBC/1/OC/3/Rev.1. **ONU** [online], 2006a. Disponível em: https://documents-dds-ny.un.org/doc/UNDOC/GEN/N12/629/15/PDF/ N1262915.pdf?OpenElement Acesso em: 10 set. 2022.

PEACEBUILDING COMMISSION. Letter dated 21 June 2006 from the President of the Security Council addressed to the Secretary-General. PBC/1/OC/2. **ONU** [online], 2006b. Disponível em: https://www.securitycouncilreport.org/atf/ cf/%7B65BFCF9B-6D27-4E9C-8CD3-CF6E4FF96FF9%7D/PKO%20PBC%20 1%20OC%202.pdf. Acesso em: 10 set. 2022.

PEACEBUILDING COMMISSION. Strategic Framework for Peacebuilding in Burundi. PBC/1/BDI/4. **ONU** [online], 2007a. Disponível em: https://documents-dds-ny.un.org/doc/UNDOC/GEN/N07/394/65/PDF/N0739465.pdf?OpenElement. Acesso em: 10 set. 2022.

PEACEBUILDING COMMISSION. Monitoring and tracking mechanism of the strategic framework for Peacebuilding in Burundi. PBC/2/BDI/4. **ONU** [online], 2007b. Disponível em: https://documents-dds-ny.un.org/doc/UNDOC/GEN/ N07/615/60/PDF/N0761560.pdf?OpenElement. Acesso em: 10 set. 2022.

PEACEBUILDING COMMISSION. Sierra Leone Peacebuilding Cooperation Framework. PBC/2/SLE/1. **ONU** [online], 2007c. Disponível em: https://www. securitycouncilreport.org/atf/cf/%7B65BFCF9B-6D27-4E9C-8CD3-CF6E4FF-96FF9%7D/SL%20PBC2SLE1.pdf. Acesso em: 10 set. 2022.

PEACEBUILDING COMMISSION. Strategic Framework for Peacebuilding in Guinea-Bissau. PBC/3/GNB/3. **ONU** [online], 2008. Disponível em: https:// documents-dds-ny.un.org/doc/UNDOC/GEN/N08/534/01/PDF/N0853401. pdf?OpenElement. Acesso em: 10 set. 2022.

PEACEBUILDING COMMISSION. Strategic Framework for peacebuilding in the Central African Republic. PBC/3/CAF/1. **ONU** [online], 2009a. Disponível em: https://documents-dds-ny.un.org/doc/UNDOC/GEN/N09/364/29/PDF/N0936429.pdf?OpenElement. Acesso em: 10 set. 2022.

PEACEBUILDING COMMISSION. Summary record of the 1st meeting. PBC/5/OC/SR.1. **ONU** [online], 2011a. Disponível em: https://digitallibrary.un.org/record/700614?ln=en. Acesso em: 10 set. 2022.

PEACEBUILDING COMMISSION. Progress in the implementation of the PBC Chair's Roadmap for Actions in 2011. **ONU** [online], 2011b. Disponível em: https://www.un.org/peacebuilding/sites/www.un.org.peacebuilding/files/documents/roadmap_implementation_update_chairs_report.pdf. Acesso em: 10 set. 2022.

PEACEBUILDING COMMISSION. Meeting of the PBC Chairs. **ONU** [online], 2013. Disponível em: https://www.un.org/peacebuilding/sites/www.un.org.peacebuilding/files/documents/54_chairs_meeting-_27mar2012-final.pdf Acesso em: 10 set. 2022.

PEACEBUILDING SUPPORT OFFICE. 2023. Disponível em: https://www.un.org/peacebuilding/supportoffice. Acesso em: 12 set. 2022.

PEACEBUILDING SUPPORT OFFICE. Resource Mobilisation for Peacebuilding Priorities: The Role of the Peacebuilding Commission (PBC). **ONU** [online], 2012. Disponível em: https://www.un.org/peacebuilding/sites/www.un.org.peacebuilding/files/documents/resource_mobilization_paper.pdf. Acesso em: 10 set. 2022.

PONZIO, R. The United Nations Peacebuilding Commission: Origins and Initial Practice. **Disarmament Forum**, Geneva, v. 2, p. 5-15, 2007.

PONZIO, R. **The Creation and Functioning of the UN Peacebuilding Commission**. London: Safeworld, 2005.

QUICK, I. Searching for a Niche: UN peacebuilding in the Republic of Guinea. *In:* CONING, E. de; STAMNES, E. **UN Peacebuilding Architecture**: The First 10 Years. London: Routledge, 2016. p. 196-214.

RYAN, S. The Evolution of Peacebuilding. *In:* MACGINTY, R. **Routledge Handbook of Peacebuilding**. London: Routledge, 2013. p. 25-35.

SABARATNAM, M. The Liberal Peace? An Intellectual History of International Conflict Management, 1990-2010. *In:* CHANDLER, D. *et al.* **A Liberal Peace?** The Problems and Practices of Peacebuilding. New York: Zed Books, 2011. p. 13-30.

SCHALLER, C.; SCHNECKNER, U. **Das Peacebuilding-System der Vereinten Nationen**: Neue Mechanismen – Neue Möglichkeiten? Stiftung Wissenschaft und Politik Deutsches: Institut für Internationale Politik und Sicherheit, 2009.

SCOTT, A. The United Nations Peacebuilding Commission: An Early Assessment. **Journal of Peacebuilding and Development**, [s. l.], v. 4, n. 2, p. 7-19, 2008.

SECURITY COUNCIL REPORT. **Security Council Deadlocks and Uniting for Peace**: An Abridged History. 2013. Disponível em: https://www.securitycouncilreport.org/atf/cf/%7B65BFCF9B-6D27-4E9C-8CD3-CF6E4FF96FF9%7D/Security_Council_Deadlocks_and_Uniting_for_Peace.pdf. Acesso em: 12 set. 2022

SECURITY COUNCIL REPORT. The Peacebuilding Commission and the Security Council: From Cynicism to Synergy? **Security Council Report**, [s. l.], p. 1-16, 2017. Disponível em: https://www.securitycouncilreport.org/research-reports/the-peacebuilding-commission-and-the-security-council-from-cynicism-to-synergy.php. Acesso em: 12/09/2022.

THAKUR, R. United Nations Security Council Reform. **African Security Review**, Pretoria, v. 13, n. 3, p. 66-74, 2004.

TSCHIRGI, N.; PONZIO, R. The Dynamics that Shaped the Establishment of the Peacebuilding Architecture in the Early Years. *In:* CONING, E. de; STAMNES, E. **UN Peacebuilding Architecture**: The First 10 Years. London: Routledge, 2016. p. 40-58.

WALTZ, K. **Theory of International Politics**. New York: Addison-Wesley Pub. Co, 1979.

WHEELER, N. **Saving strangers**: Humanitarian Intervention in International Society. Oxford: Oxford University Press, 2010.

WINTHER, B. Z. A Review of the Academic Debate about United Nations Security Council Reform. **The Chinese Journal of Global Governance**, [s. l.], v. 6, n. 1, p. 71-101, 2020.